Sumario

GRANDES ESPACIOS / OUTDOOR
296/ 7,90 €

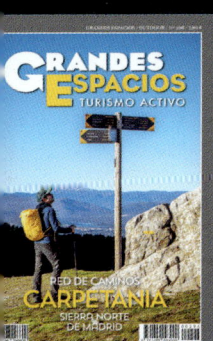

...O DE PORTADA
...al de Carpetania.
...avier Gómez Aoiz

...w.desnivel.com/grandesespacios

...TA: Ediciones Desnivel S.L.
...San Victorino nº 8 • 28025 Madrid.
...913 602 242 • Fax: 913 602 264
...ndesespacios@desnivel.com
...w.desnivel.com

...ector: DARÍO RODRÍGUEZ.
...dactor jefe: DIONI SERRANO.
...ector de arte: GREGORIO ARRANZ.
...blicidad: MARÍA ÁNGELES TRUJILLO.
...tribución: MARÍA JOSÉ SANTAMARÍA

...prime: Nueva Imprenta. Papel ecológico
...almente libre de cloro). Distribuye: SGEL.
...pósito legal: M-39544-1995
...N: 1699-093000
...N: 978-84-9829-660-0

...scripciones
... 91 360 26 20
...scripciones@desnivel.com
...w.desnivel.com/suscripcion

EN ESTE NÚMERO

RED CARPETANIA
CAMINOS DE LA SIERRA NORTE DE MADRID

Hace poco tiempo que la comarca Sierra Norte de Madrid puso la última piedra de Carpetania, una red señalizada de caminos rurales que recorre todo el territorio conectando poblaciones y puntos de especial valor natural, histórico y etnográfico.

PIRINEO DE LLEIDA
EL PARAÍSO QUE BUSCAS

ORIOL CLAVERA

El Pirineo leridano combina esquí, deporte, naturaleza y cultura con todo tipo de servicios y facilidades para vivir una experiencia plena con amigos y familiares en un entorno mágico.
Texto: Iñaki Delaurens.

TANTO si eres aficionado al esquí alpino, nórdico o de montaña, el Pirineo de Lleida es tu sitio. Sus seis estaciones de esquí alpino – Baqueira Beret, Boí Taüll, Port del Comte, Espot Esquí, Tavascan y Port Ainé– ofrecen más de 350 kilómetros esquiables, haciendo de esta región una de las más atractivas de Europa para la práctica del esquí. A estas instalaciones hay que sumar cinco estaciones de nórdico situadas en maravillosos paisajes de montaña. Gracias a los más de 150 kilómetros de cuidados circuitos de las estaciones de Sant Joan de l'Erm, Tuixent-La Vansa, Virós-Vallferrera, Lles de Cerdanya y Aransa, los esquiadores pueden aventurarse en lo más profundo del bosque pirenaico. No hace falta ni siquiera calzarse unos esquís, pues los

ORIOL CLAVERA

ORIOL RIART

itinerarios también se pueden recorrer con raquetas de nieve.

El esquí nórdico es la forma más sencilla y segura para que los mas pequeños comiencen a deslizarse por la nieve y, también, suele ser un primer paso para llegar al esquí de montaña, la modalidad que permite subir montañas y adentrarse en parajes inmaculados. El número de practicantes de esquí de montaña ha crecido mucho en los últimos años en el Pirineo catalán, sobre todo después de la celebración del Campeonato de Europa y los Mundiales en la estación de Boí Taüll el pasado invierno, un evento que esta temporada tiene continuidad con la celebración de dos pruebas de la Copa del Mundo, sprint y relevos mixtos, en la estación ribagorzana.

En la foto grande, un free rider en la estación de esquí de Tavascan. Arriba, dos jóvenes esquiadores en Baqueira-Beret. Debajo, la nieve cubre los tejados de Gavàs, en la Guingueta d'Àneu, Valls d'Àneu, Pallars Sobirà.

RICARD BADIA

RAFAEL LÓPEZ MONNÉ

IOLANDA SEBÉ

DAVIDE CAMESASCA

Otra variante del esquí alpino que ha experimentado un notable crecimiento es el freeride. Esta modalidad implica tener unos sólidos conocimientos del entorno, la meteorología y el estado de la nieve, o ir acompañado de guías profesionales. Por tercer año consecutivo, esta temporada Baqueira Beret será sede del Freeride World Tour, el campeonato mundial de esta disciplina.

Las estaciones de esquí leridanas tienen presente las consecuencias del cambio climático y trabajan para garantizar que la nieve se mantenga con la mejor calidad pese a la irregularidad de las nevadas respetando la sostenibilidad. Además, su oferta no termina cuando la nieve se retira. La mayoría de las estaciones ofrecen servicios como circuitos de bicicleta de montaña, itinerarios senderistas, carreras de orientación o rutas a caballo.

Pequeño edén

La cordillera pirenaica hace de frontera entre los climas mediterráneo y atlántico. Esta circunstancia favorece la presencia de una naturaleza privilegiada que tiene su máximo exponente en el Parque Nacional de Aigüestortes i Estany de Sant Maurici. Con altitudes entre los 1200 y los 3000 metros, el Parque Nacional contiene un conjunto espectacular de picos, crestas, bosques, lagos y cascadas; un pequeño edén que se extiende por cuatro comarcas: la Alta Ribagorça, el Pallars Sobirà, el Pallars Jussà y la Val d'Aran. Éste último está a punto de convertirse en Reserva de la Biosfera, tras ser aceptada su candidatura por la UNESCO.

Además, el Pirineo leridano cuenta con dos parques naturales que han obtenido recientemente la acreditación

de la Carta Europea de Turismo Sostenible en espacios protegidos (CETS). Uno es el Parque Natural del Alt Pirineu, el espacio natural protegido más extenso de Cataluña, vivienda de especies emblemáticas como el urogallo, el quebrantahuesos y el oso pardo. Este espacio protegido, donde se levanta la Pica d'Estats (3143 m), «techo» de Cataluña, cuenta con un sinfín de senderos que se pueden recorrer tanto en invierno como en verano. El otro es el Parque Natural Cadí-Moixeró, un espacio natural ideal para practicar el montañismo y el senderismo,

observar aves y asistir a la berrea del ciervo entre otras muchas posibilidades.

Limpio cielo nocturno

Uno de los valores que cobran cada vez más importancia es la calidad del cielo. En este sentido, la observación astronómica se ha convertido en una de las actividades turísticas que más han visto crecer la demanda, y, sin duda, los cielos pirenaicos son muy favorables para ello. La Serra del Montsec, en el Prepirineo, ha sido reconocida por la Fundación Starlight como un lugar con excepcionales condiciones de

Arriba, una pareja disfruta del invierno en el Parc Nacional d'Aigüestortes i Estany de Sant Maurici. En la otra página, noche estrellada en la estación de Port del Comte, en La Vall de Lord; un contundente plato de cuchara ideal para combatir el frío; visita al Museo del Pastor en Llessui; y un esquiador de montaña en la Val d'Aran.

observación astronómica. El Parque Astronómico Montsec se ha renovado recientemente y ahora cuenta con el Ojo del Montsec, una instalación equipada con un sistema de proyección en tres dimensiones con el mayor

ORIOL CLAVERA

JOSEP BARBERO

RICARD BADIA

PATRONATO DE TURISME DE LLEIDA

TOT NÒRDIC

formato audiovisual del mundo que permite ver los astros muy cerca. Otros lugares del Pirineo leridano preparados para los aficionados a la astronomía son los miradores astronómicos de Espot, Vilaller y la Vall de Boí, así como el Parque Nacional de Aigüestortes i Estany de Sant Maurici, reconocido internacionalmente como Destino Turístico y Reserva Starlight por la UNESCO. A todos estos hay que sumar dos nuevos destinos de turismo astronómico: uno en Port Ainé, dentro de las acciones que lleva a cabo el Parque Natural del Alt Pirineu para ser declarado como Punto de Referencia de la Calidad Lumínica por la Generalitat de Catalunya, y el otro en el castillo de Lladurs.

Un inmenso legado histórico

El paso de los siglos ha dejado en el Pirineo leridano un legado impresionante de arquitectura religiosa románica y gótica. Esta herencia encuentra su máxima expresión en la Vall de Boí, donde se cuentan nueve templos románicos que en el año 2000 fueron declarados Patrimonio Mundial por la UNESCO. Desde entonces, más de dos millones de personas han visitado este tesoro del Pirineo.

Otro rasgo destacable del Pirineo leridano es su tradición termal, que comienza en la época romana y que tuvo su momento de gloria en los últimos años del siglo XIX. La oferta es amplia y con todos los servicios y tratamientos imaginables. Así, encontramos el balneario de Caldes de Boí, los Banhs de Tredòs, las termas Baronía de Les, el balneario de Sant Vicenç o el hotel balneario Iberik Rocallaura, en el Urgell, que pese a no estar en el Pirineo

está incluido en la oferta termal de la demarcación.

Museos de la vida pirenaica

Por todo el Pirineo leridano se distribuyen medio centenar espacios museísticos, muchos de ellos integrados en la Red de Museos del Pirineo y Aran, que permiten conocer muchos aspectos de la vida cotidiana pasada y presente. El ecomuseo Çò de Joanchiquet o el Musèu dera Nhèu, ambos en Aran, el ecomuseo de las Valls d'Àneu, en Esterri, el Museo Diocesano de Urgell, el Museo de Caminos de Vall de Siarb, los espacios dedicados a los almadieros en Coll de Nargó y La Pobla de Segur o el Museo Hidroeléctrico de Capdellason unos pocos ejemplos de estos espacios que justifican por sí mismos una visita a las comarcas septentrionales de Lleida.

En definitiva, los amantes de la montaña y del deporte blanco, y los que buscan lugares donde se combinen con armonía naturaleza, cultura, patrimonio y buena mesa, lo encontrarán en las montañas del Pirineo leridano. «Acércate a Lleida. Vive el Momento». No encontraréis un sitio mejor para hacerlo.

Arriba, un esquiador de nórdico en la estación de Lles. En la otra página, de arriba a abajo, la iglesia románica de Sant Feliu en Barruera; excursión con raquetas en Vall de Cabanes la Vall de Cabanes, Alt Àneu; un joven sarrio en Puig de les Morreres, Port del Comte; e interior del Museo de la Sal en Gerri de la Sal.

Más información:

www.aralleida.com

Carpetania
RED DE CAMINOS
Sierra Norte de Madrid

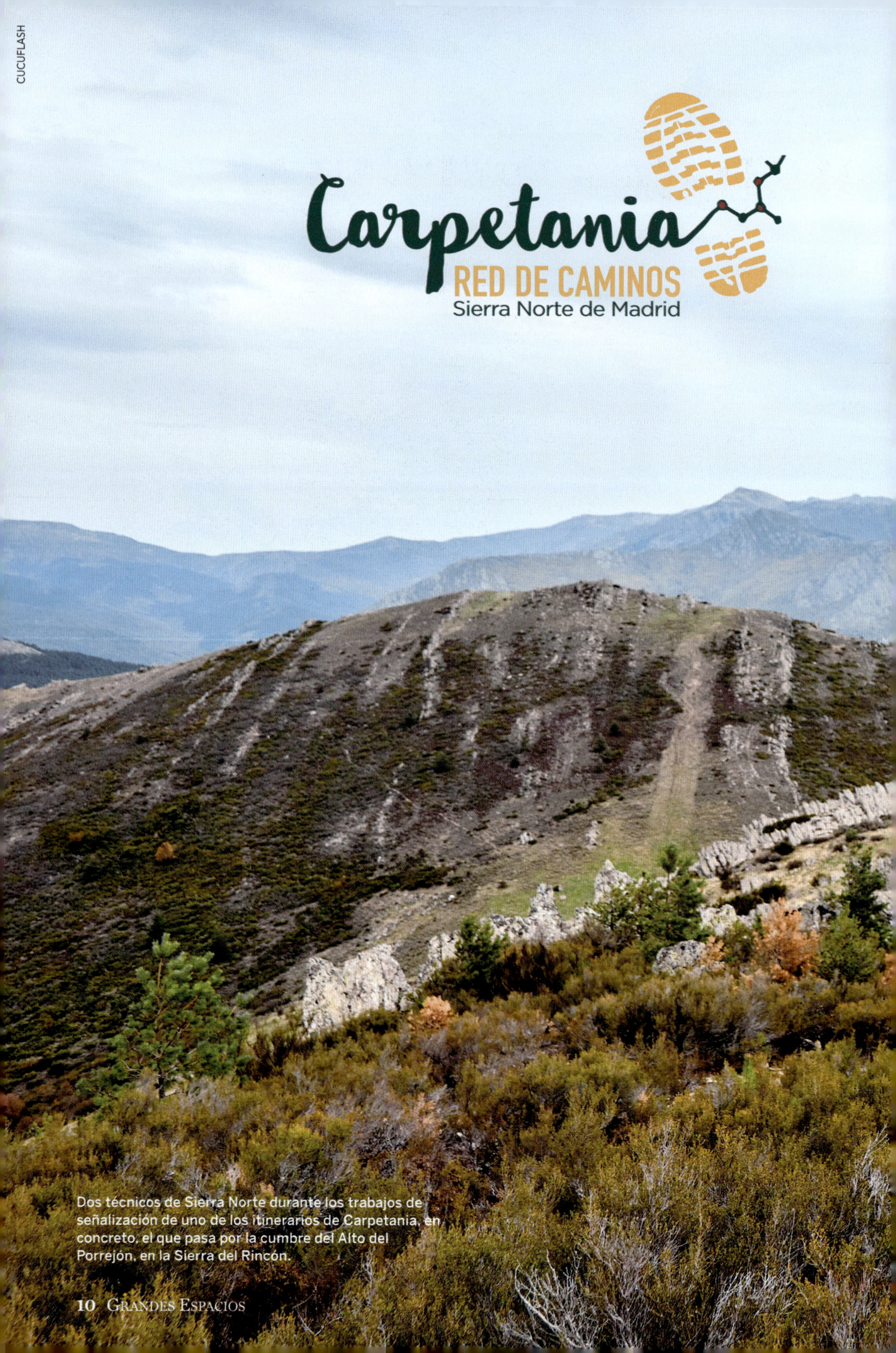

Dos técnicos de Sierra Norte durante los trabajos de señalización de uno de los itinerarios de Carpetania, en concreto, el que pasa por la cumbre del Alto del Porrejón, en la Sierra del Rincón.

RED CARPETANIA

Hace poco tiempo que la comarca Sierra Norte de Madrid puso la última piedra de Carpetania, una red señalizada de caminos rurales que recorre todo el territorio conectando poblaciones y puntos de especial valor natural, histórico y etnográfico. Lo novedoso de Carpetania es que no ofrece itinerarios «cerrados», como sucede con los senderos locales y de pequeño recorrido, sino que facilita a los usuarios las herramientas para diseñar sus propias excursiones.

L A SIERRA NORTE DE MADRID es una comarca «extraoficial» —la Comunidad de Madrid no está dividida en comarcas, si bien de forma informal se reconocen hasta ocho— situada en el extremo septentrional de la comunidad, ocupando todo ese terreno que penetra en la intersección de las provincias de Segovia y Guadalajara.

El extenso territorio que abarca — más de 1200 kilómetros cuadrados— tiene dos zonas bien diferenciadas; por un lado, la zona de montaña, que corresponde a la mayor parte de la comarca, incluyendo parte de la Sierra de Guadarrama, las sierras de La Morcuera, La Cabrera, Somosierra, Lobosillo y del Rincón —esta última declarada Reserva de la Biosfera y casa del famoso hayedo de Montejo—, y los valles del alto, medio y bajo Lozoya, donde se ubica gran parte del Parque Nacional de la Sierra de Guadarrama; y, por otro, la zona de la Campiña del Henares, en su extremo sudeste. En total 42 municipios que ocupan el territorio más natural y protegido de la Comunidad de Madrid.

La Sierra Norte de Madrid se caracteriza por albergar una alta biodiversidad debido a su ubicación entre el norte y el sur peninsular, siendo una zona de clima mediterráneo con una clara in-

JAVIER CARBALLO

Distancia y tiempo

Nombre del camino

Posibles destinos

Modo del recorrido

Matrícula de la señal

SIERRA NORTE

fluencia atlántica en algunos lugares. Los ecosistemas se van alternado según se asciende y es posible pasar de la vega a la alta montaña —aquí se levanta el el Pico Peñalara, de 2428 metros— pasando por encinares, robledales, fresnedas o frondosos pinares donde el buitre negro, entre otras especies protegidas, encuentra refugio.

Turismo apacible

A la Sierra Norte de Madrid se la conoció durante mucho tiempo como la Sierra Pobre porque su aislamiento la sumió en la penuria durante siglos. Hoy, si bien la comarca es la zona con más baja

densidad de población de la Comunidad de Madrid y algunos de sus pueblos están en riesgo de despoblación, la situación ha cambiado radicalmente. La ganadería y la agricultura siguen siendo los pilares de la economía, pero el turismo gana puestos rápidamente en el sistema productivo, apoyándose en una naturaleza muy poco transformada —una circunstancia casi milagrosa si se tiene en cuenta la cercanía de la capital madrileña— y unos pueblos que conservan un genuino ambiente rural, por lo que muchos capitalinos tienen aquí su segunda residencia o buscan «refugio» los fines de semana.

Arriba, la laguna del Salmeral, en Prádena del Rincón. En la otra página, descripción de las señales verticales de Carpetania.

Existen numerosas iniciativas, tanto públicas como privadas, para fomentar un turismo tranquilo y amable que no afecte al ritmo de vida de los pueblos. Una de estas iniciativas públicas es Carpetania, un proyecto que se apoya en los caminos vecinales y ganaderos de la comarca.

Una red senderista diferente

Carpetania no es «otra» red de senderos más. Los senderos locales y de pequeño y gran recorrido

El equipo que ha ejecutado el proyecto de Carpetania: de izquierda a derecha, Ángel Martínez Herrero, María Domingo Domingo, Elena Rubio Sanz, José David Pajares Antón, Ana Fernández Koall, Eva Menéndez López y Eva Gallego Berzal. En la otra página, un momento de una de las rutas guiadas gratuitas organizadas por Sierra Norte.

Un proyecto motivante y sostenible

La Red de Caminos Carpetania echó a andar en 2016 promovida por la Comunidad de Madrid, Consejería de Presidencia, justicia y Administración local, y la Mancomunidad de Servicios Valle Norte del Lozoya (Centro de Innovación Turística Villa San Roque). La disposición geográfica de la Sierra Norte y sus pueblos y la gran cantidad de caminos tradicionales que los unían, nos llevó a pensar que el modelo suizo de caminos en red encajaba perfectamente aquí. En un primer momento se procedió a hacer un inventario y prospección de los caminos públicos, eligiendo los que tenían más interés por motivos históricos o tradicionales, y los que conectaban municipios y recursos. Una vez ultimado el inventario, se solicitaron los permisos necesarios a la Consejería de Medio Ambiente para ejecutar la señalización. En este proceso quedaron fuera del proyecto caminos que podían poner en peligro zonas frágiles o molestar a determinadas especies, asegurándonos la sostenibilidad del proyecto y dando prioridad a la conservación. La ejecución del trabajo de campo se realizó en dos fases; en la primera se señalizó el perímetro de la Red y una serie de accesos al mismo; en la segunda se señalizó la malla interior. A todo esto hay que sumar un ingente trabajo cartográfico para la confección de las carteleras, el trabajo sobre el terreno para datar las señales verticales y la creación de la web. Queremos dar las gracias a la Comunidad de Madrid por su constante apoyo, a todos los ayuntamientos de la Sierra Norte, a los técnicos de turismo, a los trabajadores de la Mancomunidad que han colaborado en la logística, a los empresarios turísticos, a los senderistas, deportistas y naturalistas que nos han aconsejado y a los vecinos de Sierra Norte, a los que les brindamos de manera especial esta Red de Caminos, «su» Red. También queremos agradecer el asesoramiento que nos ha prestado Itinerannia, el proyecto pionero en este modelo de red de caminos en nuestro país.

José David PAJARES ANTÓN.
Técnico de turismo y Coordinador del proyecto Carpetania.

(GR, PR, SL), que responden al modelo francés, son itinerarios fijos muy rígidos que no se adaptan a las circunstancias personales de los senderistas. Carpetania es un concepto diferente que se inspira en el modelo suizo: los caminos de Carpetania no conducen a ningún lugar y conducen a todos; constituye un entramado de caminos que da la posibilidad de realizar múltiples recorridos no prefijados previamente y que permite accesos diversos y alternativos a un entramado de puntos de interés. Carpetania sigue la huella de Itinerannia, la primera —y hasta ahora, la única— red de caminos señalizados basada en estos principios que se implantó en nuestro país, concretamente en la Garrotxa, el Ripollès y Alt Empordà. Los más de 700 kilómetros de caminos señalizados de Carpetania conectan pueblos, rincones naturales especialmente interesantes, lugares y edificios históricos y muestras de patrimonio etnográfico, y su diseño permite a caminantes, ciclistas y jinetes ir de un punto a otro cualquiera por diferentes itinerarios, ajustándolos a sus intereses, tiempo de que dispongan o lugares que deseen conocer.

Para no perderse

Carpetania cuenta con una señalética unificada fácilmente identificable basada en el modelo suizo y similar a la que utiliza Itinerannia. En todos los cruces de caminos que conforman la Red encontraremos señales verticales. En ellas, además del nombre tradicional del camino, se indica los cuatro nodos (poblaciones, lugares de interés...) más cercanos en cada dirección, de la más próxima a la más lejana. La distancia viene indicada en kilómetros y se apunta un tiempo

FOTOS: SIERRA NORTE

FOTOS: SIERRA NORTE

orientativo. Una misma población o lugar puede aparecer con dos direcciones diferentes. Si la indicación aparece acompañada por la palabra «por…» significa que se trata de una alternativa más larga pues pasa por otro lugar o población. En cada poste hay también una placa con la matrícula de la señal, el topónimo del lugar donde se encuentra, la altitud y las coordenadas UTM, de manera que el caminante o el cicloturista puede saber en qué punto de la ruta se encuentra. Además, los caminos de la Red Carpetania están marcados con marcas de pintura amarilla sobre rocas, árboles, postes, muros, balizas, etcétera. Finalmente, existen paneles informativos en las poblaciones. Una de las caras está ocupada por el mapa global de la Red, y en la otra,

Cómo diseñar una ruta

Imaginemos que queremos realizar una ruta circular que parta de Buitrago de Lozoya y pase por el Portachuelo Viejo y Cincovillas (imagen 1). Lo primero es visualizar la Red en Google Maps o Google Earth (imagen 2) y obtener toda la información que necesitamos (distancia y tiempo) (imagen 3). Ya en Buitrago nos dirigimos a la Plaza Picasso donde está el panel con el mapa general de la Red y la señal vertical SN101. Como ya hemos visto en Google Maps, en el mapa de la cartelera comprobamos que hemos de enlazar las señales SN102 (también en Buitrago), SN116 (Portachuelo Viejo), SN115 (Cincovillas), SN139 (Prados Callejas), SN138 (Las Gariñas) y regreso a la SN101. Sumando las distancias que figuran en cada tramo obtendremos una longitud de 11,7 kilómetros, con un tiempo estimado de 3 horas y 5 minutos.

Imagen 1

A la derecha, interior de la fragua musealizada de Horcajuelo de la Sierra. En la otra página, excursión guiada por uno de los itinerarios de Carpetania.

para facilitar la localización, una visión ampliada de unos diez kilómetros a la redonda del pueblo donde está el panel.

Caminos públicos

Carpetania utiliza caminos públicos ya existentes. A la hora de diseñar Carpetania se tomaron en cuenta los caminos vecinales e históricos que unían los pueblos de la Sierra Norte de Madrid, los caminos de labor que conducían a las dehesas, a los molinos, a las ermitas, a los tinados..., y también los itinerarios señalizados que ya existían como la Senda del Genaro o el Camino Natural del Lozoya. Uno de los objetivos de Carpetania es unificar la señalética en el territorio y no duplicar los caminos que ya cumplen esa función. En el caso de coincidir con otros caminos señalizados, se intenta poner las marcas de Carpetania en el mismo soporte, en el caso de las señales horizontales o de seguimiento (marcas de pintura amarilla) o en el mismo poste en el caso de las flechas direccionales.

Rutas a la medida

La Red Carpetania es como un mapa de carreteras que permite diseñar itinerarios a gusto de los usuarios, uniendo diferentes tramos comprendidos entre señales verticales multidireccionales. Una vez se tiene decidido dónde se quiere iniciar y terminar la ruta, y por dónde se quiere pasar, sólo hay que unir los tramos necesarios para

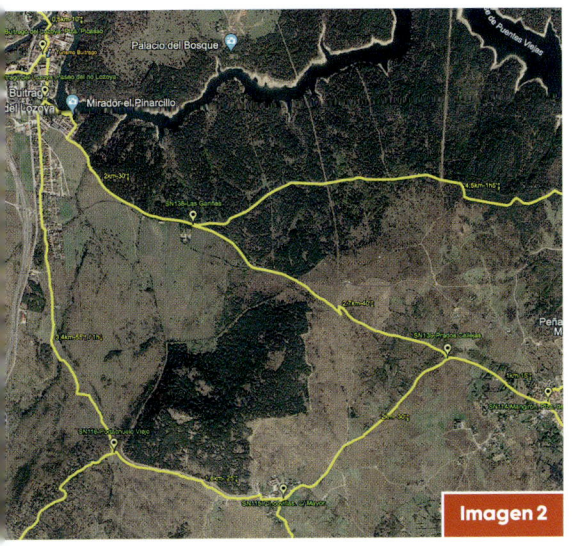

Imagen 2

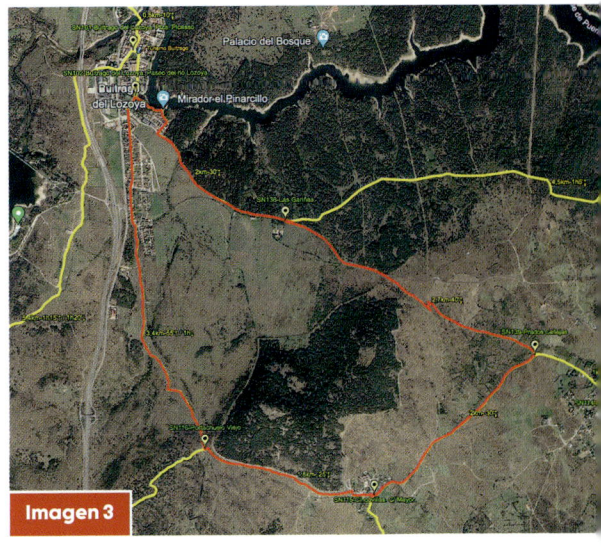

Imagen 3

Senderismo Carrera Marcha nórdica Ruta familiar

Equitación Ciclismo Accesible Birding

Arriba, los pictogramas utilizados por Carpetania para definir la modalidad del camino.

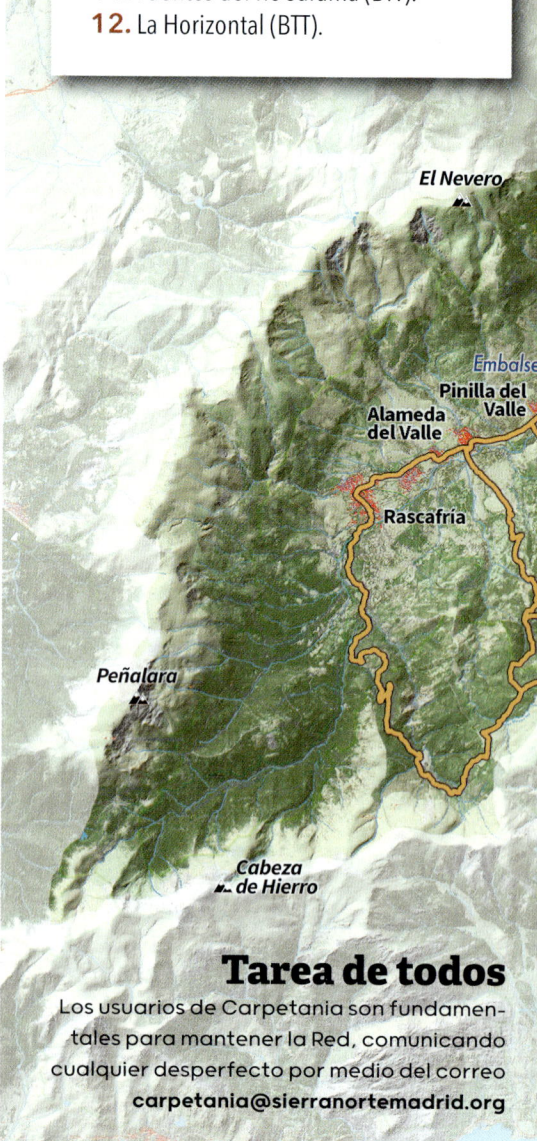

PROPUESTAS DE CARPETANIA

1. Mondalindo y Peña Negra.
2. Altos del Hontanar.
3. Ruta de los puentes medievales.
4. Ruta de los caminos vecinales.
5. Cancho de la Cabeza.
6. Camino del Cartero.
7. El Camino de Juana la Beltraneja.
8. Frente de Somosierra.
9. Maravillas de la Sierra del Rincón.
10. Cerro Salinero y Porrejón.
11. Fuentes del río Jarama (BTT).
12. La Horizontal (BTT).

completar el itinerario, teniendo siempre a la vista la distancia total y el tiempo aproximado. Este cálculo se puede hacer *in situ*, en el mapa de los paneles, o en la web de Carpetania www.carpetania.org, de la que podemos descargar la Red completa y verla en Google Earth, con la distancia y el tiempo estimado de cada tramo.

Una gran parte de los caminos que forman la Red son ciclables, la mayoría para modalidad MTB, aunque también hay muchas pistas óptimas para la bicicleta gravel. Los tramos ciclables aparecen señalados con su pictograma correspondiente en las señales verticales.

Además, Carpetania ofrece una serie de itinerarios temáticos, diseñados sobre los caminos de la Red, que se pueden consultar en la misma web. Un buscador que funciona con varios criterios (localidad de partida, tiempo del que se dispone, dificultad, modalidad e intereses…), facilita afinar la búsqueda. Estas rutas están a libre disposición en Wikiloc. A todo esto hay que sumar una red local que comprende itinerarios con un carácter temático. Estas rutas utilizan el color rojo en lugar del amarillo, tanto en la cartelería como en las marcas de seguimiento.

En las siguientes páginas presentamos una amplia selección de estos itinerarios «a la carta».

El Nevero

Lo

Embalse d

Pinilla del
Valle

Alameda
del Valle

Rascafría

Peñalara

Cabeza
de Hierro

Tarea de todos

Los usuarios de Carpetania son fundamentales para mantener la Red, comunicando cualquier desperfecto por medio del correo carpetania@sierranortemadrid.org

Peña
Cebollera

Somosierra

MONTES CARPETANOS

Robregordo

11

Cerezo

Peña
Quemada

La Acebeda

La Hiruela

Horcajo de
la Sierra

Horcajuelo
de la Sierra

Montejo de
la Sierra

10

12

Aoslos

Madarcos

9

Alto del
Porrejón

Braojos

Prádena
del Rincón

Pico de
la Tornera

8

Piñuécar

Villavieja
de Lozoya

Gascones

La Serna
del Monte

Peña
la Cabra

Puebla de
la Sierra

Gandullas

Reajo
Alto

San Mamés

Paredes de
Buitrago

6

Peña
Centenera

7

Embalse de
Puentes Viejas

Serrada de
la Fuente

Cerro
Larda

Navarredonda

Buitrago
de Lozoya

Embalse de
Riosequillo

Berzosa
del Lozoya

Somosierra

Lozoya

Gargantilla
de Lozoya

Manjirón

Robledillo
Ide a Jara

El Atazar

mbalse
e Pinilla

Cinco
Villas

2

Garganta de
los Montes

Lozoyuela

4

3

Cañencia

Sieteiglesias

Embalse
del Atazar

5

1

Valdemanco

El Berrueco

Bustarviejo

La Cabrera

Patones

Cabanillas
de la Sierra

Torremocha
de Jarama

Navalafuente

Redueña

Torrelaguna

Venturada

El Espartal

El Vellón

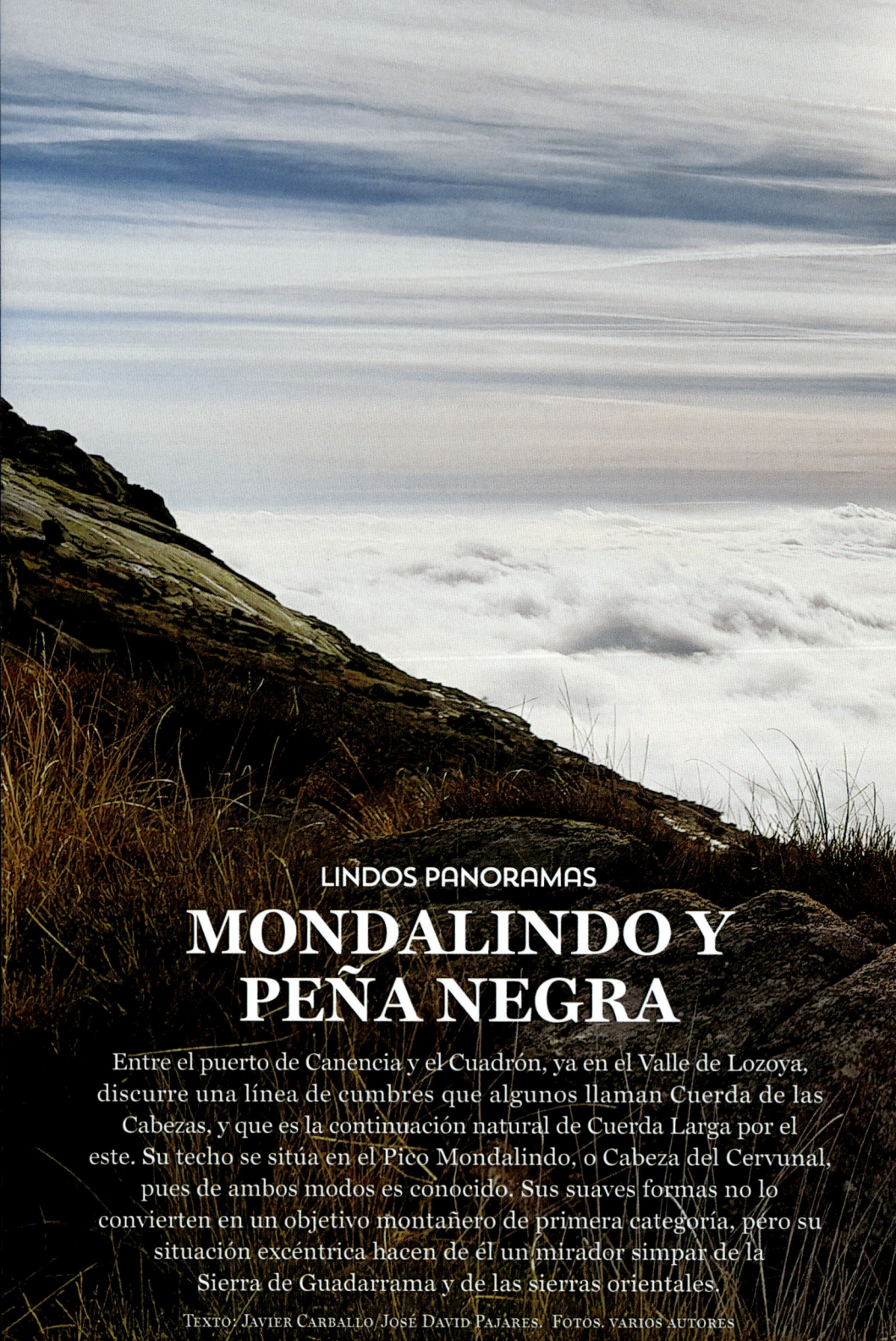

LINDOS PANORAMAS

MONDALINDO Y PEÑA NEGRA

Entre el puerto de Canencia y el Cuadrón, ya en el Valle de Lozoya, discurre una línea de cumbres que algunos llaman Cuerda de las Cabezas, y que es la continuación natural de Cuerda Larga por el este. Su techo se sitúa en el Pico Mondalindo, o Cabeza del Cervunal, pues de ambos modos es conocido. Sus suaves formas no lo convierten en un objetivo montañero de primera categoría, péro su situación excéntrica hacen de él un mirador simpar de la Sierra de Guadarrama y de las sierras orientales.

Texto: Javier Carballo/José David Pajares. Fotos. varios autores

Un mar de nubes oculta el vasto y espectacular
panorama que se consigue desde la cumbre
del Mondalindo y que es una de sus cualidades.

¿MONDALINDO o Cabeza del Cervunal? Aunque como Mondalindo aparece en una vieja oración popular contra las tormentas, parece ser que el topónimo nombra al cancho rocoso que tiene en su cara sur y que, visto desde Bustarviejo, parece otra montaña. La instalación del vértice geodésico en la cima bautizado como Mondalindo contribuyó a que el nombre desplazara al anterior.

El Mondalindo se corona fácilmente desde casi todos los puntos cardinales, salvo por su vertiente sur, donde cae a pico por unos llamativos roquedos donde hay numerosas vías de escalada. La ruta menos fatigosa comienza en el pueblo de Canencia y asciende por la vertiente sur, pero la que tiene más interés lo hace desde el pueblo de Bustarviejo aupándose a la cuerda por el extremo oeste no sin antes pasar por un no muy conocido hito de arqueología industrial de la región madrileña: la mina de plata Indiana que se explotó desde el siglo XVII hasta finales del siglo XIX. Todavía pueden verse algunos vestigios de la mina, entre los que destaca la Torre del Indiano, declarada Bien de Interés Cultural en 1983.

ITINERARIO

Comenzamos en la Plaza Mayor de Bustarviejo, bonito pueblo que conserva algunos buenos ejemplos de arquitectura tradicional serrana. En la plaza veremos un cartel de Carpetania y una señal vertical de la red (SN18). Siguiendo la indicación Torre de la Mina / Pto. de Canencia, callejeamos hasta salir a la carretera de Miraflores, por la cual continuamos hasta el campo de fútbol. Allí, un panel informativo y una señal nos indica el camino para ir a la mina Mónica y al Mondalindo. Tras caminar unos seiscientos metros llegamos a la fuente de La Gregoria donde el camino se divide. La señal SN19 nos indica por donde continuar.

El camino se va haciendo más y más estrecho mientras sube sin complejos por la Ladera de Juan Blasco. No tardaremos en ver la Torre del Indiano. La torre, hoy restaurada, fue un molino de viento donde se molía el mineral extraído en las bocaminas cercanas. Un sendero que parte a la izquierda de la torre conduce a la bocamina, cerrada con una verja metálica. En este tramo encontraremos maquinaria usada durante una efímera explotación llevada a cabo en 1977. Varios

FOTOS: DIONI SERRANO

paneles informativos —vandalizados por quien sabe qué descerebrados— explican cada uno de los elementos que forman el conjunto minero.

Retrocedemos sobre nuestros pasos para dirigirnos a un pequeño talud buscando una senda poco evidente que asciende por una pedrera. Tras un corto trecho muy pendiente, la senda entronca con un camino que entra por la derecha y que sigue ganando altura cómodamente hasta llegar al collado Abierto o de Hernán García, un amplio puerto donde pace el ganado. A nuestra izquierda se levanta Cabeza de la Braña y hacia el norte nada se interpone entre nuestros ojos y el valle del Lozoya, los Montes Carpetanos y la sierra de Ayllón. Un nuevo poste direccional de Carpetania (SN20) nos informa de que nos separan más de tres kilómetros de la cima, distancia que se recorre cómodamente por el amplio

Arriba, la torre de la Mina del Indiano aparece entre la niebla. En la otra página, la señal SN19 de Carpetania en la fuente de La Gregoria, y una trituradora de mineral de la última fase de explotación.

cordal y con el Mondalindo siempre en lontananza. Piornos, brezos y enebros rastreros nos acompañan durante la subida con magnífica vistas a ambos lados de la cuerda. Al llegar a la falda del Mondalindo el camino vuelve a empinarse buscando la cima sobre la que se levanta un vértice geodésico.

Las vistas desde esta cima situada en el epicentro de la Sierra Norte son espectaculares: al sur la llanura madrileña, con las Cinco Torres de la capital recortándose en el horizonte, los cerros del Pendón y San Pedro y el embalse de Santillana; al oeste, el Abantos, la Pedriza, la Najarra, Cabezas de Hierro, Montón de Trigo,

La plata de Bustarviejo

Las minas de la Cuesta de la Plata de Bustarviejo son las explotaciones metálicas que más tiempo han estado activas en la provincia de Madrid, desde el siglo XVII hasta 1890, si bien el descubrimiento se hizo en 1417. El nombre que recibe se debe a que fue un indiano, un emigrante enriquecido en América, quien en 1659 empezó a explotar a conciencia la veta de plata. A esa época pertenece el molino cuya torre se puede ver hoy. En el siglo XIX se integraron en una sola explotación todas las pequeñas minas abiertas. La mina sería así trabajada por la Sociedad La Madrileña hasta 1867. Existieron además dos fundiciones, una a pie de la mina y otra en el propio Bustarviejo. A partir de 1867 la veta de plata se agota y comienza a explotarse el arsénico. Hay constancia de trabajos en la década de 1920 y un última campaña en los años 70 del siglo XX que dejó numerosos vestigios mineros y maquinaria.

Peñalara...; al norte, Navafría, embalse de Pinilla, el Tres Provincias, Pico del Lobo,...; al este, Peña Negra, embalse del Atazar, Sierra de la Cabrera... Un verdadero disfrute para los ojos.

Tras este atracón de panorámicas, continuamos la excursión. En el caso de que flaqueen las fuerzas o el tiempo se estropee, podemos bajar directamente hacia Bustarviejo por un el descenso, dirigiéndonos hacia el este, para girar poco después hacia el sur por un sendero con fuerte pendiente que nos lleva a La Almohadilla y al Cancho del Mondalindo. Si no es este el caso continuamos por el cordal. Poco después de comenzar el descenso encontraremos la SN113 que señala, por una parte, hacia Garganta de los Montes, y, por otra, hacia Valdemanco. A partir de aquí vamos a continuar hacia Peña Negra por la loma siguiendo las señales de la Red Local

JAVIER CARBALLO

La suave vertiente norte de la Sierra de la Cabrera vista desde Peña Negra. En primer plano, Cancho Gordo; al fondo, a la izquierda, asoma el embalse del Atazar.

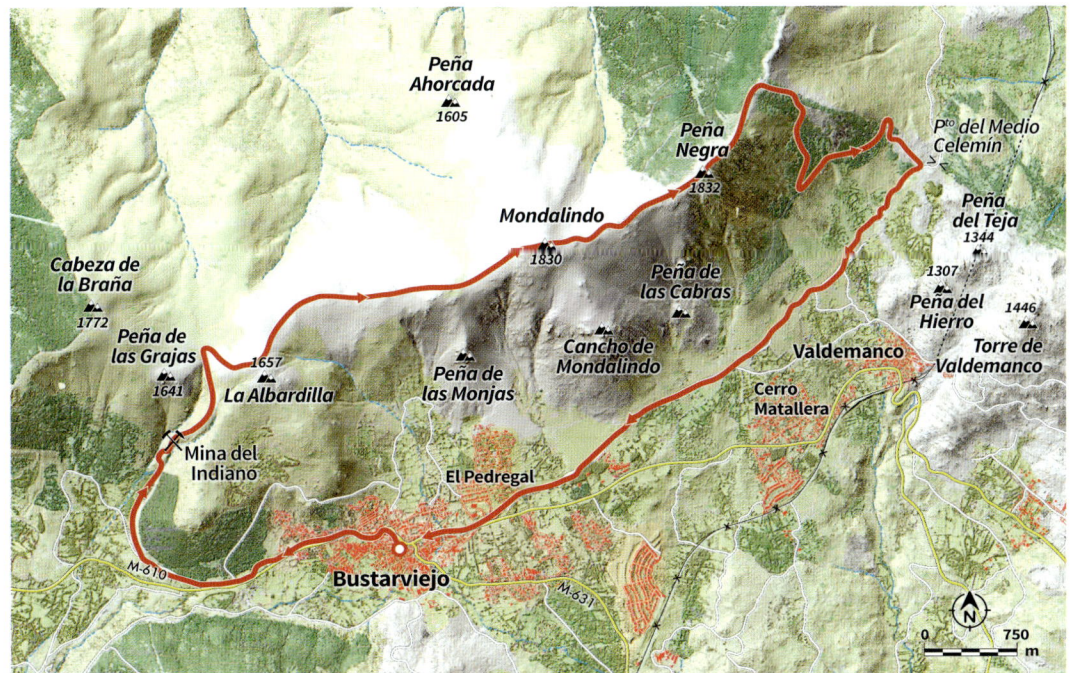

FICHA TÉCNICA

COMIENZO: población de Bustarviejo 1222 m.
TIPO: circular. **LONGITUD:** 19 km.
DESNIVEL: +719 m.
CARTOGRAFÍA: hojas 483-3 y 4 del IGN 1:25 000.
TRACK: https://desni.in/mondalindo
OBSERVACIONES: no ciclable

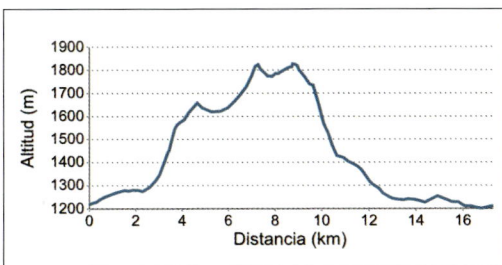

de Valdemanco (flecha con punta roja y marcas rojas). Tras un breve llaneo comenzamos el ascenso a Peña Negra. En realidad, la cima está formada por dos cotas de idéntica altitud: Peña Negra y El Regajo, ambas con 1831 metros. La montaña está coronada por una antena y un banco formado por varias grandes losas de granito. Dicen que es el banco situado a más altura de la Comunidad de Madrid.

Comenzamos el descenso definitivo continuando por la loma hacia el norte hasta llegar cerca de una nueva antena, momento en el que hemos de hacer un giro de 90 grados hacia el este y empezar a perder altura decididamente por un pinar hasta dar con un pista que recorre la ladera a media altura. Podemos seguir esa pista en ambos sentidos. En ambos casos, tras varias revueltas, terminaremos enlazando con la Cañada Real Segoviana (mas corto si se toma a la derecha). Una vez llegada a esta la seguimos en dirección suroeste. Más abajo podemos ver la población de Valdemanco. Continuando por la cañada nos toparemos con la SN1 que nos informa que volvemos a caminar por la Red Carpetania. La cañada nos conducirá hasta Bustarviejo sin dejar lugar a la duda.

La situación de los Altos del Hontanar los convierte en un mirador sobresaliente del macizo de Peñalara, Cuerda Larga, los Montes Carpetanos y los valles de Lozoya y Canencia.

BALCÓN DE LA PERLA DE GUADARRAMA
ALTOS DEL HONTANAR

Los Altos del Hontanar constituyen un cordal montañoso que se separa de la Sierra de La Morcuera y que cierra el Valle del Lozoya por el este. Esta privilegiada situación entre los valles de Lozoya y Canencia, le otorga unas vistas inmejorables sobre ambos valles, además de unas panorámicas sobresalientes del macizo de Peñalara, Cuerda Larga y los Montes Carpetanos. // Texto: redacción GE. Fotos: Javier Carballo.

NO le faltan argumentos a quienes califican de perla de la Sierra de Guadarrama al Alto Valle del Lozoya. Las montañas que lo rodean, sus extensos bosques, sus praderas verdes con vacas que parecen anunciar chocolate suizo, sus caminos flanqueados de muros de piedra, sus arroyos y sus rústicos pueblos, dan forma a un paisaje del que es difícil no prendarse. Los educadores de la Institución Libre de Enseñanza, con Francisco Giner de los Ríos a la cabeza, dieron en la diana al elegir este valle para poner en práctica su revolucionaria labor pedagógica; una elección que repetirían años después los montañeros que fundaron el Club de los Doce Amigos, germen del ahora ya centenario club de montaña Peñalara. Invitamos a comprobar el embrujo que provoca este rincón del Guadarrama subiendo a los Altos del Hontanar, una privilegiada atalaya sobre el Valle de Lozoya y el de Canencia eligiendo el plácido pueblo de Alameda del Valle para comenzar.

ITINERARIO

Nos vamos a situar en la calle del Romero donde se ha instalado una señal de la Red Carpetania (la SN81). Como todas la señales de la red, las flechas indican hacia varias direcciones. En esta ocasión vamos a seguir la que indica hacia el refugio de la Majada del Cojo y El Espartal. A los pocos pasos cruzamos el río Lozoya y atravesamos una zona llana ocupada por praderas salpicadas de fresnos y robles donde pasta el ganado.

A medida que avanzamos y nos aproximamos a la ladera, el camino aumenta la pendiente. Entramos en un denso robledal que da sombra a la subida. Más arriba, el robledal se aclara, ganan protagonismo brezos y retamas y, finalmente, entra en escena el pinar. Llega-

Arriba, vista de los Montes Carpetanos desde el camino de subida, justo en el desvío a la ermita de Santa Ana. Se distinguen las casas de Rascafría. En la otra página, un momento de la bajada. Los robles ya han perdido las hojas, pero sigue siendo un bonito bosque. A la derecha, el apartado refugio de la Majada del Cojo.

mos al refugio de la Majada del Cojo, un refugio situado en un paraje encantador que mantiene abierta una zona donde podemos descansar o incluso pernoctar si transportamos equipo para ello.

Junto al refugio encontramos la señal de Carpetania SN141. Siguiendo la dirección hacia el Pico el Espartal y el Portachuelo de Canencia alcanzamos poco después el cordal que está cabalgado por un amplio cortafuego por el que transita un camino. El suave ascenso nos conduce hasta la cumbre del Espartal, rematada por un vértice geodésico.

Remotos lozoyanos

El Valle de los Neandertales es un conjunto de siete yacimientos paleontológicos donde se han encontrado restos pertenecientes a un periodo que abarca entre 300 000 y 40 000 años antes de nuestra era. En el yacimiento se han encontrado restos fósiles de muchos vertebrados que sirvieron de alimento a las dos especies protagonistas del yacimiento: por un lado, la hiena manchada, y, por otro, el hombre de Neandertal, el *Homo neanderthalensis*. Este es uno de los pocos lugares que contienen restos paleoantropológicos de esa especie en España y en Europa, motivo por el cual ha recibido este nombre. La zona ha sido declarada Bien de Interés Cultural y se puede visitar previa reserva en la web **www.elvalledelosneandertales.com**

FOTOS: DIONI SERRANO

El yacimiento paleontológico de Pinilla ha sido declarada Bien de Interés Cultural y se puede visitar previa reserva en la web. En la otra página, el camino se aproxima al embalse de Pinilla.

Tras cruzar una alambrada, continuamos por el sendero que, a lomos del cordal, desciende primero hasta el collado de Las Fuentes y luego sube al Cerro del Águila. Esta cumbre es algo más baja que El Espartal, pero su vertiente norte es más agreste y en invierno sus canales ofrecen buenas posibilidades para practicar un alpinismo de dificultad moderada.

Continuamos la excursión bajando hasta el Portachuelo de Canencia donde encontramos una nueva señal de Carpetania, la SN46. De entre todas las direcciones que apunta elegimos la que dirige al camino de Navalmaillo (Pinilla del Valle/Alameda). El sendero se interna en el robledal y se convierte en un camino que desciende de manera continuada hasta llegar a las inmediaciones del embalse de Pinilla.

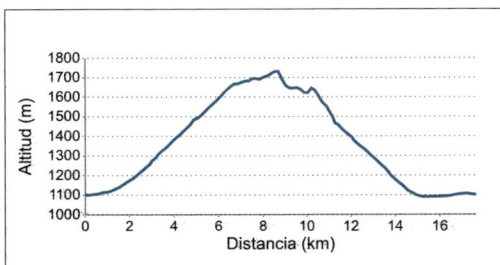

FICHA TÉCNICA

COMIENZO: Alameda del Valle (1110 m). **TIPO:** circular. **LONGITUD:** 19,23 km. **DESNIVEL:** +660 m. **CARTOGRAFÍA:** hojas 484-1 y 484-3 del IGN 1:25 000. **TRACK:** https://desni.in/espartal
OBSERVACIONES: la ruta es la número 4 del Centro BTT Valle del Lozoya. Catalogada como difícil.

A pocos metros a la derecha está el yacimiento paleontológico conocido como Valle de los Neandertales.

Cruzamos la cola del embalse por un puente y llegamos a un cruce donde hallamos la señal SN27 y carteles del Camino Natural del Lozoya. Pinilla del Valle está a pocos metros a mano derecha. Continuamos hacia la izquierda rumbo a Alameda caminando por una ancha pista flanqueada de sauces, chopos y robles con la cumbre de Peñalara ocupando el horizonte. En más o menos media hora entraremos en Alameda.

RUTA DE LOS PUENTES MEDIEVALES

Uno de los elementos mas vistosos del patrimonio viario de la Sierra Norte de Madrid son sus puentes medievales. Estos puentes eran puntos de paso obligado para los rebaños, viajeros y comerciantes que tenían que pagar derechos de pontazgo, es decir, un peaje que iba parar a manos al señor de la zona. En el Valle de Lozoya, en un espacio relativamente pequeño, se da una concentración inaudita de puentes medievales.

Texto: Dioni Serrano / GE. Fotos: Dioni Serrano.

El puente Canto o del Congosto salva aguas abajo del embalse de Pinilla una estrecha y profunda garganta excavada por las aguas del río Lozoya. Algunos estudiosos afirman que es de época romana, pero lo más probable es que fuera construido en los siglos XII o XIII. Este puente aparece citado en el *Libro de la Montería* de Alfonso XI.

EL Valle de Lozoya está regado por un gran número de arroyos y riachuelos, aparte del río que le da nombre y cuya agua, que abastece a la capital madrileña, está considerada como una de las de mayor calidad de España. Desde tiempos remotos estos cauces han sido obstáculos a la comunicación que se han vencido por medio de puentes. Muchos de ellos han logrado resistir el tiempo y las avenidas, y convierten al valle en un museo al aire libre de arquitectura viaria. El más famoso de todos es el puente del Perdón, frente al monasterio de El Paular, pero en estas páginas vamos a proponer una excursión que enlaza cuatro puentes menos monumentales pero igual de interesantes.

ITINERARIO

La ruta comienza en el bellísimo pueblo de Canencia, población que se asienta en un pequeño valle junto al arroyo del mismo nombre. Nos situamos junto a la iglesia de Santa María del Castillo donde está instalada una señal vertical de Carpetania (SN78) con varias direcciones, entre ellas la que dirige hacia el puente Canto que salva el arroyo de Canencia. Pero antes de llegar a él , a la vista del cementerio, nos desviamos por la calle del Doctor Vázquez Añón para ir a visitar el puente de las Cadenas, aguas arriba. Hay que abandonar la calle para continuar por un ramal de la derecha por el que, en poco más de 200 metros, llegaremos al puente, situado en

En la foto grande, el puente Canto de Canencia, que como el de Congosto, aparece en el *Libro de la Montería*. Debajo, monumento a los perros en Canencia; punto en el que el camino procedente de Canencia se une al Camino Natural del Lozoya; y tramo del camino entre el puente del Congosto y el citado desvío.

un lugar de bucólica belleza junto a un molino hoy convertido en vivienda. Se trata de un sencillo y bonito puente de un único arco algo apuntado construido con lajas y piedra tosca y con perfil de «lomo de asno». Su anchura sólo permitía el paso de peatones y caballerías.

Regresamos sobre nuestros pasos para dirigirnos, ahora sí, hacia el Puente Canto, uno de los puentes de más bella factura de la Sierra Norte. Como el anterior tiene forma de lomo de asno y está constituido por dos arcos de medio punto, de dimensiones muy desiguales, como consecuencia de su ubicación entre dos orillas de distinta rasante. La verdad es que todo en él es asimétrico. Su construcción puede situarse entre los siglos XIV y XV y su nombre posiblemente se deba a los bolos de piedra con los que esta pavimentado.

Seguimos la indicación hacia el Puente de Matafrailes que observamos en la señal SN45, y acompañamos el arroyo de Canencia aguas abajo. A los lados se ven pacíficas vacas que pastan sin prestar atención al caminante. Después, el camino se introduce en una bonita dehesa de robles. Llegamos a un cruce donde encontramos

Debajo, el tramo entre el Colladillo y Garganta de los Montes es muy divertido para los ciclistas. A la derecha, un caminante consulta la señal SN99-Prados Cerrados. En la foto grande, el pequeño puente de las Cadenas, situado en un precioso rincón algo apartado de Canencia.

una nueva señal de Carpetania (SN146 – La Dehesa). Hacia la derecha señala hacia el Puente de Matafrailes que dejaremos para la vuelta, y hacia la izquierda al Puente del Congosto, nuestro destino inmediato. Vemos señales del Camino Natural del Lozoya, un itinerario que va desde Rascafría hasta El Cuadrón y con el que vamos a coincidir un buen trecho.

El camino sube por medio de un rebollar que en otoño se pone precioso. A nuestra derecha, muy por debajo de donde estamos, fluye el río Lozoya y en frente se elevan los Montes Carpetanos. Con los ojos llenos de montañas y valle llegamos al puente del Congosto o de la Horcajada o Canto (se ve que este nombre era bastante socorrido a la hora de bautizar a los puentes). El puente, que ya aparece citado en el Libro de la Montería de Alfonso XI, se levanta sobre una estrecha garganta en un entorno de gran belleza que se incrementa cuando el río baja crecido. Está construido con mampostería muy tosca que se apoya directamente sobre la roca y presenta

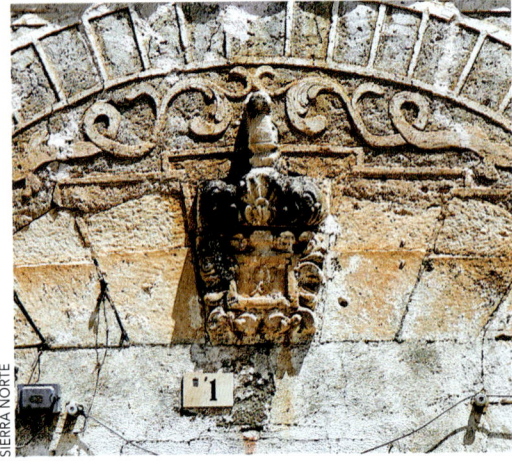

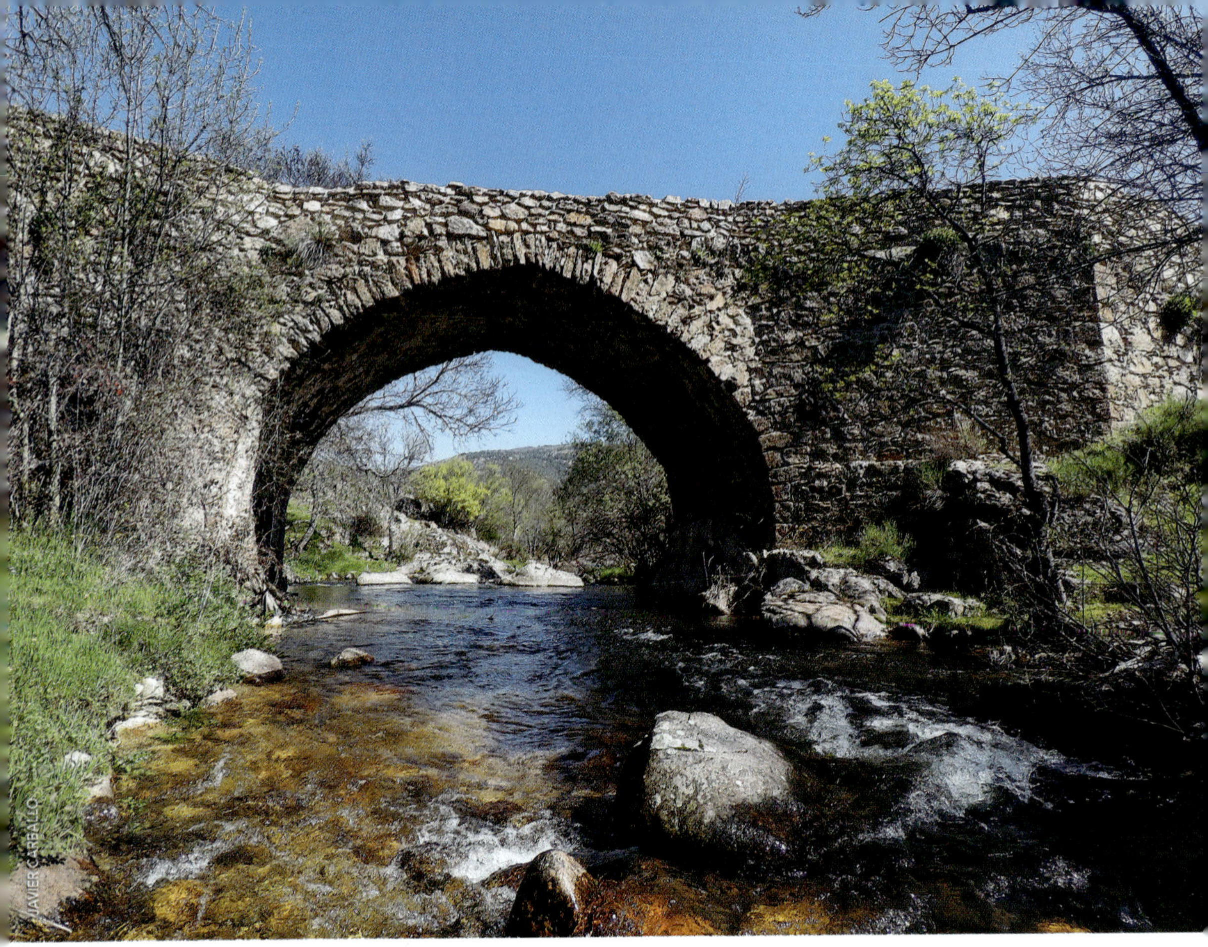
JAVIER CARBALLO

una bóveda de medio punto de seis metros de luz. Hay quien defiende su origen romano y hay quien mantiene su origen medieval, opinión que se fundamenta en que su forma es característica de los siglos XII-XIII. Junto a el encontramos las ruinas de lo que fue un antiguo molino.

SIERRA NORTE

Volvemos sobre nuestros pasos hasta la SN146 para continuar hacia el Puente de Matafrailes. Como en los otros puentes, su origen no está nada claro, pero lo más probable es que también sea medieval. Su fábrica es de mampostería y tiene un único arco apuntado. El tablero es lo más llamativo, ya que tiene una anchura mayor en los extremos que en el centro, posiblemente para facilitar el cobro del pontazgo.

Continuamos el camino hacia el este por un bello robledal. En breve llegaremos a la carretera M-629 que hay que cruzar para seguir de frente. En todo este trayecto iremos encontrando señales del Camino Natural hasta que en un momento dado, justo en la señal SN99-Prados Cerrados, abandonamos la ancha pista para cambiar bruscamente de rumbo. Ahora nos dirigimos hacia el noroeste por una pista algo más estrecha que, en breve, empieza a subir, primero

En la otra página, arriba, el puente de Matafrailes sobre el arroyo de Canencia. No se sabe cuándo fue construido, pero sí que no es romano, como tradicionalmente se contaba. Debajo, un blasón en una casa de de Canencia habla del importante pasado de la localidad.

entre prados y luego por medio de un tupido robledal. La subida —a veces con pendientes muy fuertes— no cejará hasta el Colladillo, un amplio collado con un portón ganadero que da vista al valle de Canencia y al pueblo que aparece agazapado en un recoveco de la ladera.

Como decimos, el pueblo es bien visible desde el collado, pero no hay que lanzar las campanas al vuelo: aún tenemos que caminar un par de kilómetros; eso sí, cuesta abajo y por un buen camino que tiene el aspecto de haber sido en su día una pista. Entraremos al pueblo por el helipuerto y la fuente Cantarranas, de origen medieval.

DATOS PRÁCTICOS

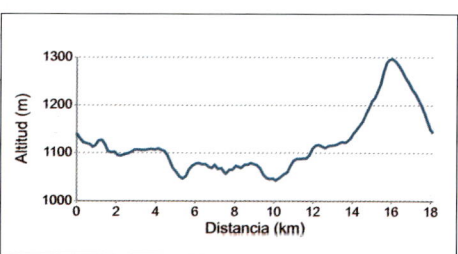

COMIENZO: pueblo de Canencia 1150 m.
TIPO: circular.
LONGITUD: 19,5 km.
DESNIVEL: +415 m.
CARTOGRAFÍA: hojas 484-1 y 3. IGN 1:25 000.
TRACK: https://desni.in/puentesmedievales
OBSERVACIONES: el recorrido es ciclable cien por cien. Si se hace en bicicleta recomendamos hacerlo en sentido contrario a las agujas del reloj porque la subida al Colladillo por el camino de Canencia a Garganta de los Montes es muy divertida.

Lozoyuela

Senda 5

Lozoyuela 0,3 km / 5 min
Las Navas de Buitrago 4,9 km / 1 h 15 min
Cincovillas 5,4 km / 1 h 25 min
El Cuadrón 6,7 km / 1

Carpetania
RED DE CAMINOS

ENTRE PRA
Sieteig

Senda 5

CAMINO DEL TERC

La Cabrera
El Berrueco
(por El Espaldar)
Sieteiglesias
(por El Espaldar)
Valdemanco

Señal vertical a la salida de Lozoyuela, justo en el punto donde comienza el camino peatonal que va paralelo a la carretera de Sieteiglesias.

EL VALOR DE LO COTIDIANO

RUTA DE LOS CAMINOS VECINALES

Lozoyuela, Las Navas de Buitrago y Sieteiglesias son tres pueblos del valle medio del Lozoya que comparten ayuntamiento, historia y un paisaje de suaves colinas. La ruta que aquí se propone une las tres poblaciones atravesando un paisaje modelado por el hombre por antiguos caminos vecinales donde encontraremos buenos ejemplos de muros de piedra seca y alguna otra sorpresa.

TEXTO Y FOTOS: DIONI SERRANO

/ 2 h 30 min

/ 3 h 25 min

/ 3 h 40 min

/ 4 h 15 min

Carpetania

E puede llegar a pensar que, por estar cerca de Madrid, los pueblos del Valle de Lozoya son pueblos «nuevos», sin historia. Por este motivo sorprende tanto descubrir que sus raíces son muy profundas. Los tres municipios que se enlazan en esta excursión son un buen ejemplo. Su estratégica situación en el corredor natural que une las dos mesetas por el puerto de Somosierra —que hoy ocupa la autovía de Burgos— ha hecho que hayan visto pasar ejércitos, comerciantes y rebaños desde que se tiene memoria. Una calzada romana, una necrópolis visigoda, alguna atalaya andalusí, puentes románicos, palacios e iglesias, trincheras, búnkeres... la Historia ha dejado aquí un reguero de legados, algunos de los cuales vamos a descubrir en esta excursión.

ITINERARIO

Para muchos madrileños Lozoyuela es sólo un cartel que aparece en el kilómetro 66 de la autovía de Burgos. La antigua carretera, que fue sustituida por la vía rápida en los años 80, atraviesa la localidad por el centro; un centro tranquilo y pacífico que contrasta con el vértigo de la cercana autovía. Tenemos que ir a las antiguas escuelas para encontrar el panel de Carpetania. Casi enfrente está la ermita de la Soledad, una humilde construcción del siglo XVII que hasta la mitad del XX fue el primer edificio que se encontraban los viajeros procedentes de Madrid.

Echamos a andar hacia el sur por la Avenida de Madrid hasta la rotonda de entrada de la autovía. Allí encontramos la señal vertical SN118

SIERRA NORTE

Sobre estas líneas, el panel de Carpetania en Lozoyuela. Casi enfrente se levanta la ermita de la Soledad, que vemos en la foto de la izquierda. Bajo ella, la iglesia de Sietevillas y la necrópolis anexa. A la izquierda, el camino entre Sieteiglesias y Navas de Buitrago discurre entre muros de piedra seca. Se aprecia la marca amarilla que señala el itinerario de Carpetania.

que nos señala el camino hacia Sieteiglesias, que cubriremos por un cómodo andadero paralelo a la carretera M-131. De este tramo lo más reseñable son las vistas del cordal montañoso que separa el valle medio del Lozoya de los valles interiores de la Sierra del Rincón.

Sieteiglesias conserva una necrópolis rupestre excavada en el domo granítico conocido como Berrocal de la Iglesia por situarse allí el templo parroquial. Consta de 85 tumbas que fueron excavadas entre los siglos IX y XI y que se utilizaron hasta bien entrada la Edad Media. Hay visitas guiadas de lunes a domingo, bajo disponibilidad y previa reserva en los teléfonos 91 869 41 29 o 671 545 951. El nombre del pueblo, que pudo ser en origen un asentamiento romano situado cerca de la vía Antonina que comunicaba

las actuales Toledo y Segovia, puede deberse no a que hubiera allí ese número de iglesias, sino al carácter mágico que tiene el número siete en la tradición cristiana

En la Calle Real (carretera M-131) esquina a la Travesía de las Navas vamos a encontrar otra señal de Carpetania, la SN121, con diferentes direcciones. Tomamos la dirección de Las Navas de Buitrago y Cincovillas, y a la salida del pueblo entramos en un solitario camino flanqueado por muros de piedra seca que acotan las fincas. Muchas de las entradas a los terrenos están cerradas con oxidados somieres de muelles... y es que el reciclaje no es un invento moderno.

El camino es muy fácil de seguir salvo en el punto en el que se acerca al arroyo Recombo. La «lógica» aconseja continuar por el carril más

El puente del Cura se construyó en el siglo XVII. La tradición cuenta que se hizo para que el párroco de la zona pudiese llegar a las misas sin mojarse la sotana. Debajo, lugar en el que se atraviesa el arroyo Recombo.

ancho pero éste nos haría regresar a Sieteiglesias. Hay que dirigirse al arroyo y cruzarlo. Al otro lado encontramos un poste de señales que, en buena lógica, debería estar antes del arroyo para que fuera más visible.

Sin más contratiempos llegamos a Las Navas de Buitrago, uno de esos pueblos donde, por un momento, uno piensa que es un lugar ideal para vivir, aunque es muy probable que para un cuerpo acostumbrado al ruido y el ajetreo de la gran ciudad, el silencio que reina en sus calles resultaría ensordecedor. Lo más notable del pueblo, en términos monumentales, es la sencilla iglesia de la Cruz, construida en mampostería y ladrillo. No se sabe la fecha exacta de su construcción, pero sí que encontraba en pie en el siglo XVII. En las afueras del pueblo, según se viene de Lozoyuela está el Museo Arte en el paisaje Land Art, que se compone de una serie de obras de arte contemporáneo realizadas por alumnos de la Universidad Europea de Madrid. Algunas obras han desaparecido por completo.

La señal SN120 nos pone en el Camino de Cincovillas. Las encinas que nos han ido acompañando dan paso a los quejigos y escobas. Tras un breve descenso hacia el arroyo de la Alameda topamos con el puente del Cura o del Ángel, del siglo XVII. La tradición cuenta que fue construi-

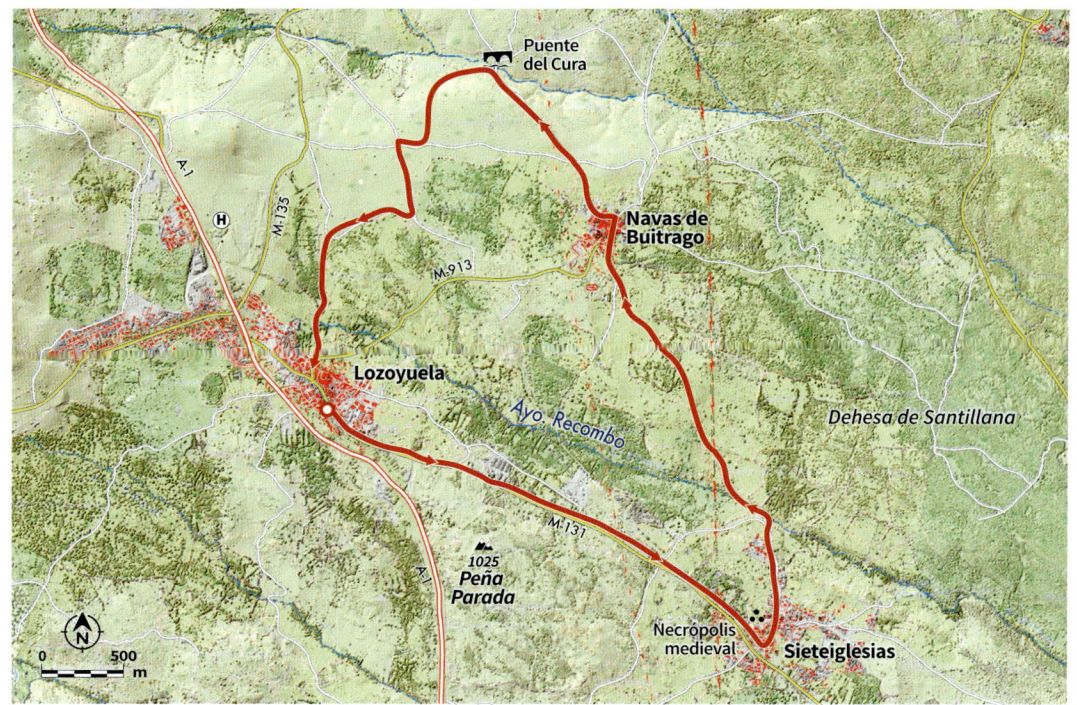

FICHA TÉCNICA

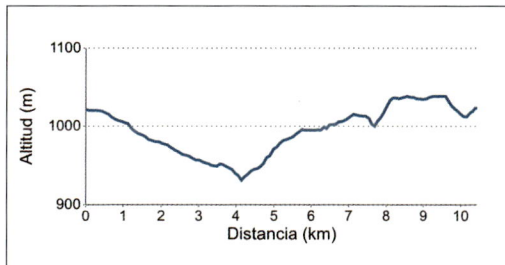

COMIENZO: Lozoyuela 1028 m.
TIPO: circular.
LONGITUD: 11 km.
DESNIVEL: +125 m.
CARTOGRAFÍA: hojas 484-2 y 4 del IGN 1:25 000.
TRACK: https://desni.in/caminosvecinales
OBSERVACIONES: el itinerario es ciclable al 99%.

do para que el cura que daba misa en los pueblos de alrededor pudiese llegar seco a la liturgia también en época de crecidas. No es necesario cruzarlo para continuar nuestra jornada; una nueva señal (SN131) nos encara hacia Lozoyuela. Después de una pequeña subida nos aupamos a al cerro de la Nava, un páramo cubierto de matorrales y arbustos olorosos. Hemos cambiado nuestro rumbo que ahora es netamente sur. Frente a nosotros se alza la inconfundible silueta serrada de la Sierra de la Cabrera. Después de un par de quiebros debidamente señalizados llegamos a la entrada de un estrecho, embarrado y pedregoso camino limitado a ambos lados por muros de piedra seca que tapiza el musgo. El ambiente es tal que podríamos pensar que estamos caminando por una corredoira gallega, a lo que contribuye un denso aroma a establo que procede de una construcción donde han combinado la piedra con los carambucos de hormigón.

Sin dejar sitio a la duda el camino nos devuelve a Lozoyuela, pero antes podemos volver a ser testigos del sentido reciclador de los serranos: una colección de viejas bañeras recogen agua para que abreven las ovejas. No es bonito pero sí sostenible.

La cima del Cancho de la Cabeza es el mejor puesto de observación de ese pequeño mar interior que es el embalse del Atazar y de toda la comarca de Sierra Norte.

UN REGALO PARA LOS OJOS

CANCHO DE LA CABEZA (1263 m)

El paisaje que forman el embalse del Atazar y los sinuosos meandros que traza el río Lozoya al escapar de la presa es uno de los más singulares de la región madrileña. Pero la belleza del conjunto se nos escapará si no hacemos el pequeño esfuerzo de subir al Cancho de la Cabeza, una de las elevaciones más meridionales del Sistema Central.

Texto: Antonio Fernández/GE Fotos: varios autores

Debajo, las aguas del arroyo de Patones se cubren de pequeñas flores acuáticas en primavera. A la derecha, rústico puente sobre el arroyo a la salida de Patones de Arriba. Debajo, una mata de jara, arbusto resinoso muy abundante en la zona; detrás, algunas casas de la aldea.

FOTOS: JAVIER CARBALLO

Cuando quiere ofrecer una nota exótica, la literatura turística dedicada a la Comunidad de Madrid siempre echa mano a Patones de Arriba, el pueblo por el que no pasó la Guerra de la Independencia de tan escondido que estaba... y nunca fue más correcto utilizar el pretérito imperfecto porque desde hace ya varias décadas Patones de Arriba puede que sea uno de los pueblos más visitados de la región. Los problemas de tráfico para acceder al pueblo obligaron a cerrar el acceso los fines de semana y festivos. Esos días hay que aparcar en el aparcamiento que hay en Patones de Abajo y subir caminando o en el autobús que se habilitado para tal efecto.

SIERRA NORTE

ITINERARIO

En este mismo aparcamiento comienza la Senda del Barranco, una ruta que forma parte de la Red Local Carpetania de Patones por lo que las marcas y flechas que hay que seguir son de color rojo. Después de caminar poco más o menos un kilómetro llegaremos a la «aldea escondida», pasando antes bajo uno de los espectaculares acueductos del Canal de Isabel II. La fama del pueblo es muy merecida, pero si queremos disfrutar del encanto de sus callejuelas empedradas y sus casas de pizarra tendremos que ir muy temprano o muy tarde, antes de los visitantes sean tan numerosos que tengamos que pedir la vez para tomar una fotografía.

Antes de continuar conviene detenerse brevemente en la historia de este pueblo. Su origen parece ser el de un caserío levantado en el siglo XVI por los hermanos Patón (Asenjo, Juan y Pero), pero podría ser anterior, si nos atenemos a una leyenda, recogida en el libro del historiador Antonio Ponz *Viaje de España*, de 1781, que habla de una monarquía milenaria que habría sobrevivido a la ocupación de la península ibérica por parte de los musulmanes y que «reinó» el pueblo hasta 1750.

Atravesamos Patones buscando el lavadero y la Fuente Nueva, fácil de identificar por sus tres caños. Llegados hasta ellas, retrocedemos unos metros para cruzar un pequeño puente en

piedra sobre al arroyo de Patones. Comienza aquí un bonito paseo acompañando aguas arriba al arroyo por un sendero custodiado por jaras pringosas, romero y el matorral bajo. La subida es muy tendida de modo que no cuesta mucho esfuerzo alcanzar el collado que separa el Alto de Braña Grande de Cabeza de Peña Alta desde el que obtenemos las primeras vistas del embalse del Atazar.

De aquí a la cima del Cancho de la Cabeza caminaremos por un ancho cortafuegos que sí va a poner en tensión los gemelos y donde podremos observar la Peña Escrita, una gran laja de pizarra con firmas de pastores. La cima del Cancho, como la de tantas otras montañas de esta zona, está formada por erizadas losas de pizarra que, aquí, han servido de base para instalar un vértice geodésico donde cumplir el ritual fotográfico. Antes o después de hacer un giro completo para empaparnos de horizontes. Llama poderosamente la atención el color azul oscuro de las aguas del embalse del Atazar, ese agua del que beben los madrileños y que —dicen— es el mejor agua de boca de todo el país.

La cima es también un cruce de caminos. Aparte del que hemos traído, hay uno que manda para el Poblado del Atazar y el tercero indica hacia Patones de Arriba por el Ladero de Calzones. Este camino está incluido en la Red Carpetania como tendremos ocasión de comprobar por las marcas amarillas que iremos viendo de trecho en trecho y en los cruces que aparecen. También vamos a ver las señales de la Senda de Genaro, el sendero de gran recorrido que rodea el embalse del Atazar, enlazando media docena de pueblos, uno de ellos Patones de Arriba, cuyas casas ya acertamos a divisar desde El Cabezo.

Entramos en Patones de Arriba. Si es sábado, domingo o fiesta de guardar, es casi seguro que encontraremos las calles atestadas de visitantes subiendo, bajando, curioseando y fotografiando todo lo que se cruce en su campo visual. Después del sosiego que hemos vivido, esta afluencia nos empujará a salir pitando y retomar la senda del Barranco para regresar a Patones de Abajo.

JOSÉ RAMIRO LAGUNA / ADOBE STOCK

FICHA TÉCNICA

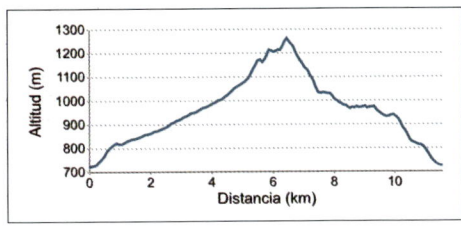

COMIENZO: Patones de Abajo (832 m).
LONGITUD: 12,36 km.
DESNIVEL: +554 m.
CARTOGRAFÍA: hoja 485-3 del IGN. 1:25 000.
TRACK: https://desni.in/canchocabeza
OBSERVACIONES: no es ciclable.

A la izquierda, el barranco del Hierro, por donde va el camino al Cancho de la Cabeza, que se ve arriba. En la foto superior, señales de Carpetania y de la Senda del Genaro.

El tramo del Camino del Cartero hasta el collado Larda atraviesa un robledal que ofrece este bello aspecto en otoño.

EN LO MÁS PROFUNDO DE LA SIERRA DEL RINCÓN

EL CAMINO DEL CARTERO

Antes de que se construyera la actual carretera, a Puebla de la Sierra, el pueblo situado en lo más profundo de la Sierra del Rincón, sólo se podía llegar por caminos procedentes de Prádena y de Robledillo de la Jara. Por estos senderos iban y venían productos, noticias y cartas. El viejo camino a Robledillo, que quedó olvidado con la llegada del asfalto y que era conocido como el Camino del Cartero, constituye hoy una bonita excursión por uno de los paisajes más inquietantes y menos conocidos de la región madrileña.

TEXTO: JOSÉ DAVID PAJARES / REDACCIÓN GE. FOTOS: VARIOS AUTORES.

SIERRA NORTE

A tortuosa orografía de la Sierra del Rincón la mantuvo aislada del resto de región hasta no hace mucho. Es por eso que el cartero fuera uno de los personajes más queridos por la población rural. Antes de que hubiera carreteras, el cartero tenía que cubrir grandes distancias, a veces a pie, otras en caballo o en bicicleta, para llevar el correo hasta los pueblos más remotos. El cartero no sólo llevaba las cartas; también llevaba medicinas y noticias y no pocas veces leía y escribía las cartas. No es de extrañar que su llegada al pueblo fuera celebrada por los vecinos.

En memoria de aquellos sacrificados funcionarios, la Red Carpetania ha dado su nombre a uno de sus itinerarios que comienza —o termina— en Puebla de la Sierra, uno de los pueblos más aislados de la Sierra de Rincón y de toda la región madrileña. Al pequeño caserío, acomodado en el fondo de un valle rodeado de montañas de cierta altura que cubren hasta media altura bosques de roble melojo y pino silvestre, sólo se puede llegar después de conducir un buen rato

DIONI SERRANO

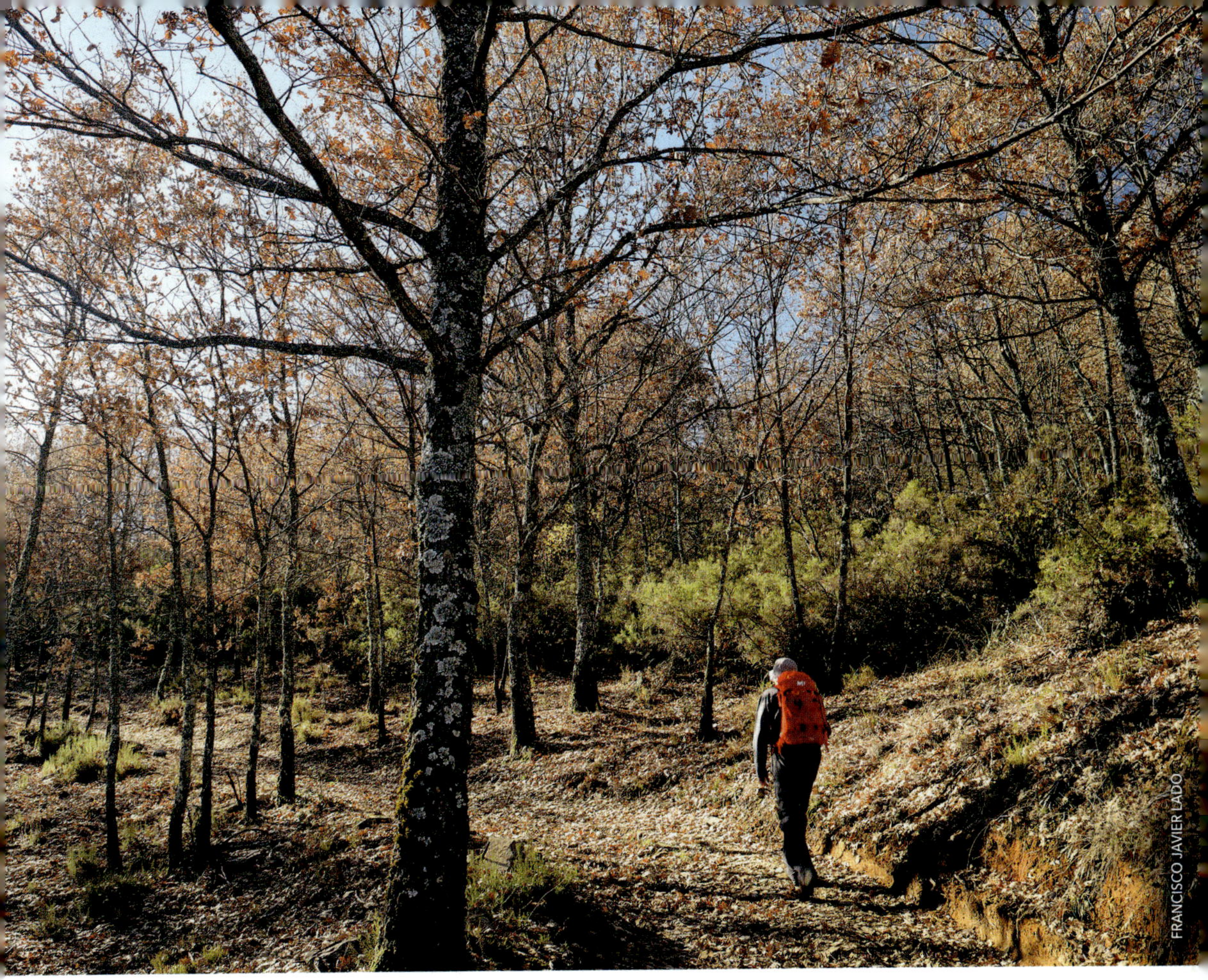
FRANCISCO JAVIER LADO

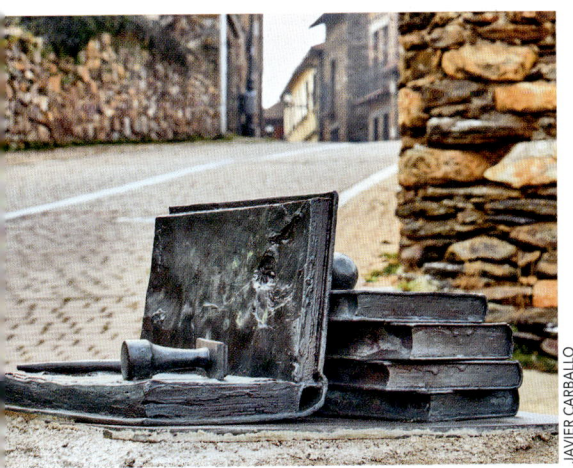

por unas mareante carreteras, o caminando por el viejo camino del Alto de Robledillo, un camino mulero que comunicaba la Puebla de la Sierra con el exterior antes de que se construyera la carretera y que era utilizado por el cartero.

JAVIER CARBALLO

ITINERARIO

Partimos de la Plaza Mayor de Puebla, no sin antes haber dado un paseo por sus calles flanqueadas por viejas construcciones de piedra y madera. Hay que dirigirse al río de La Puebla para cruzarlo por una pasarela. Antes de llegar a éste veremos varias curiosas esculturas que forman parte de un itinerario artístico llamado El Valle de los Sueños, constituido por más de un centenar de obras cedidas por sus creadores. El camino comienza un suave ascenso jalonado de robles centenarios de formas curiosas producto de la poda controlada para fabricar carbón vegetal.

A la izquierda, una de las obras artísticas repartidas por Puebla de la Sierra que forman el itinerario El Valle de los Sueños. Arriba, otro momento de la subida al collado Larda. En la otra página, un tramo del camino armado con lajas de pizarra y la iglesia de Puebla.

Poco después de pasar unos bonitos tinaos —construcciones de piedra donde se guardaba el ganado— el camino asciende por la ladera del Cerro de las Cabezas hasta llegar al collado Larda. Desde aquí alcanzaremos a ver los Montes Carpetanos, la Sierra de la Cabrera y otros cordales lejanos de la Sierra de Guadarrama.

Tras pasar el collado, y siguiendo las indicaciones de la señal vertical de Carpetania SN110 tomamos el sendero que, entre brezos, jaras y robles, va recorriendo la ladera del macizo de Peña la Cabra, sorteando los arroyos que dejan caer sus aguas al río de La Puebla, que fluye en el fondo de un profundo barranco. En el terreno alternan jarales y brezales con robles, pinares y zonas de pizarra. En algunos tramos, el camino está armado con muros de pizarra construidos hace mucho tiempo para adaptar el camino al relieve. Estas construcciones son auténticas obras de arte rural que constituyen un valioso patrimonio viario.

El collado que hay por debajo del Picazo es un puesto de observación excepcional para ver ponerse el sol detrás de la Sierra de La Cabrera. Debajo, últimos metros antes de llegar al collado Larda.

JAVIER CARBALLO

DIONI SERRANO

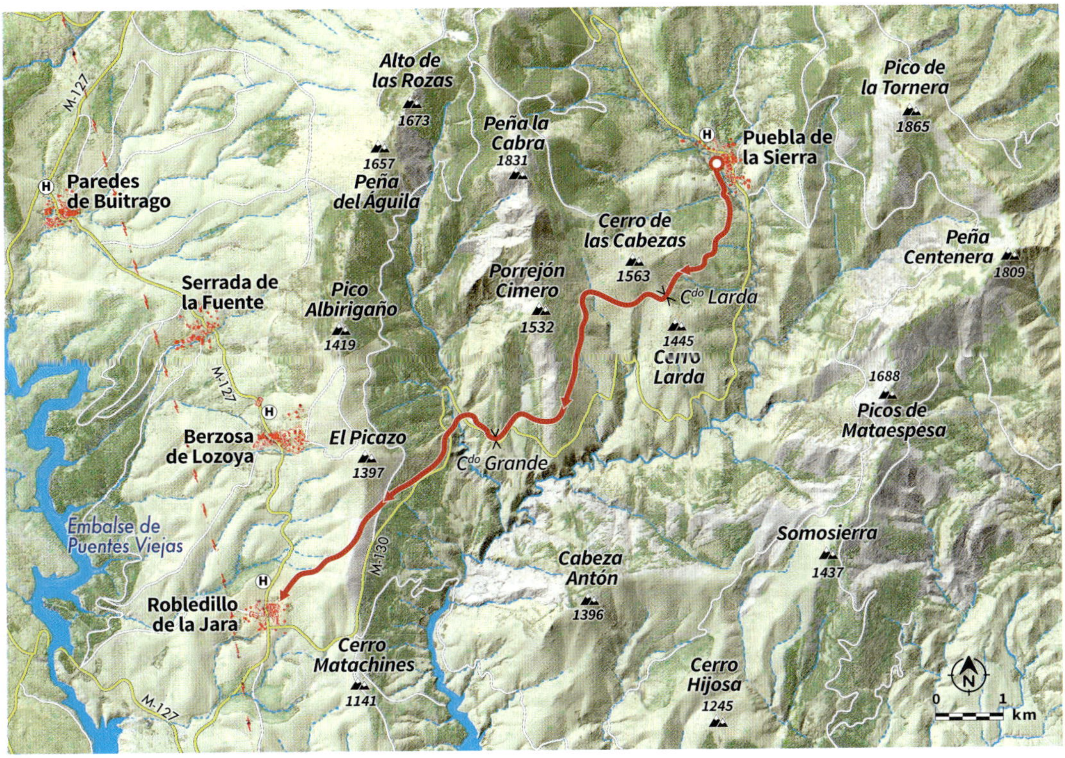

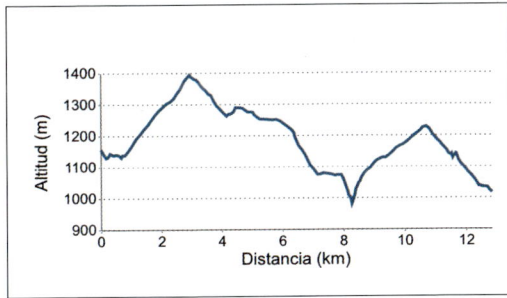

FICHA TÉCNICA

COMIENZO: Puebla de la Sierra.
FINAL: Robledillo de la Jara.
LONGITUD: 13,26 km.
DESNIVEL: +788 y -646 m.
TIEMPO: 4h 15 min.
CARTOGRAFÍA:
hojas 459-3, 485-1 y 484-2 IGN 1:25 000.
TRACK: https://desni.in/caminocartero
OBSERVACIONES: no ciclable.

El camino baja hasta encontrase con la carretera M-130 que une Robledillo con Puebla, la acompaña unos metros y baja al río del Riato, que, en este punto, empieza a encajonarse. Subiendo reencontramos la carretera que hay que cruzar para continuar por el otro lado. El camino entra en una zona de pinar y asciende diagonalmente por la ladera hasta llegar a un collado a los pies del Cerro Porrejón. Desde aquí veremos el Valle del Lozoya y la Sierra de la Cabrera frente a nosotros. El sendero se estrecha descendiendo por la ladera hasta llegar a Robledillo de la Jara. Como su propio nombre hace sospechar, el roble y la jara protagonizan el paisaje que rodea al pueblo.

La excursión se puede hacer en ambos sentidos. Si no se va a hacer ida y vuelta — actividad larga— hay que combinar coches. Es buena idea pernoctar en Robledillo o Berzosa (ambas poblaciones cuentan con alojamientos) y regresar a Puebla remontando el cordal desde Berzosa hasta el collado de la Tiesa y bajar al collado Larda.

©ANTONIO TEJERO

LOS PASOS DE UNA REINA

EL CAMINO DE JUANA LA BELTRANEJA

El Camino que en octubre de 1470 siguió la infanta Juana de Trastámara
desde Buitrago hasta la iglesia de Santiago, entre Gargantilla del Lozoya y Pinilla
de Buitrago, para desposarse por poderes con el duque de Guyena, es uno
de los itinerarios «cerrados» que propone la Red Carpetania. Una excursión corta
y sencilla que nos introduce en uno de los episodios más trascendentales de
nuestra historia. // Texto: GE. Fotos: varios autores.

El puente de Cal y Canto o de Calicanto, para abreviar, fue construido en 1759 para sustituir a otro de madera. Por él pasa un importante camino que iba a Segovia y Valladolid.

La sobriedad de la ermita de Santiago, a las afueras de Gargantilla de Lozoya, no hace sospechar que sus muros, hoy reconstruidos, fueron escenario de un acontecimiento que cambió el rumbo de la historia de nuestro país cuando todavía no se llamaba España. Sucedió el 26 de octubre de 1470 y el acontecimiento se conoce como la Ceremonia de la Val de Lozoya. Aquél día, la hija del rey Enrique IV y Juana de Portugal, Juana de Castilla, llamada por sus enemigos despectivamente *La Beltraneja* porque decían que era hija del valido del rey, Beltrán de la Cueva, fue nombrada por su padre heredera del trono de Castilla, revocando el Tratado de Guisando por el que Enrique IV había nombrado heredera del reino a su medio hermana Isabel, la que después de convertiría en la Católica.

Aquél mismo día, la princesa niña —sólo contaba ocho años— salió del castillo de Buitrago, donde vivía encerrada bajo custodia del conde de Tendilla, Íñigo López de Mendoza, y viajó hasta la ermita de Santiago para ser desposada por poderes con el Duque de Guyena, representado en el acto por el conde de Boulogne. Aquella ceremonia significó el comienzo de las hostilidades entre partidarios de Juana e Isabel que desembocaría en una cruenta guerra de sucesión.

ITINERARIO

Buitrago del Lozoya es Conjunto Histórico-Artístico y Bien de Interés Cultural desde 1993, y sus murallas Monumento Nacional desde 1931. Antes de comenzar la excursión es muy recomendable realizar la visita guiada del castillo, donde Juana vivió «custodiada» desde 1465 hasta 1470 o sencillamente caminar por sus calles que conservan un aire medieval. Siempre hay un motivo para regresar, como visitar el Museo Picasso, que contiene una pequeña colección de obras donadas por el buitraguense Eugenio Arias, barbero y amigo del artista.

Salimos de Buitrago y cruzamos el río Lozoya por el puente Viejo o puente del Arrabal. Tras cruzar la antigua N-I, siguiendo las indicaciones de la señal SN9 hacia el Puente de Cal y Canto, nos incorporamos a la vía pecuaria Colada del Chorrillo que nos conduce al citado puente, construido en 1579 en el camino que iba a Valladolid, Segovia y Riaza.

Poco después de cruzarlo y subir un fuerte repecho por un camino muy degradado veremos asomar la espadaña del Tercio de la Trinidad, lo único que queda de una antigua ermita perteneciente a Villavieja de Lozoya. La airosa estructura, coronada por el imprescindible nido de cigüeña, transmite una fuerte sensación de soledad. Atravesamos una pradera, donde seguimos las indicaciones de la señal SN50 hacia Pinilla. Tras pasar una zona de encinar nos internamos en una amplia vía pecuaria, delimitada por muros de piedra seca que nos conduce de nuevo a un espacio de praderas. En un cruce de caminos seguimos las indicaciones hacia Pinilla que vemos en la señal SN41.

El camino gana altura muy suavemente hasta el Cerro del Calvario, desde donde ya acertamos a divisar Pinilla de Buitrago, población que, probablemente vio pasar la comitiva de la princesa Juana. La historia de Pinilla, como la de casi todos los pueblos del Valle de Lozoya, se remonta a épocas muy remotas, aunque posiblemente su origen sea el de algún asentamiento estable de pastores bereberes procedentes de las montañas del Rif. Restos arqueológicos presentes en

Debajo, la villa amurallada de Buitrago de Lozoya, construida en un meandro del río Lozoya. En la otra página, la espadaña de la ermita de Santiago, espectadora y protagonista de un importante acontecimiento histórico.

JOSEVGLUIS / ADOBESTOCK

CUCUFLASH

poblaciones vecinas como Villavieja, Manjirón o Buitrago dan testimonio de la presencia musulmana en el Valle del Lozoya. En el propio Pinilla se conservan dos fuentes de probable origen árabe en buen estado de conservación, una de ellas en el interior del núcleo urbano.

Salimos de Pinilla por el camino del Molino, siguiendo las indicaciones de la SN42 hacia la ermita de Santiago. El camino baja y nos deja unas bonitas vistas del embalse de Riosequillo, al que nos aproximamos hasta alcanzar su orilla. Flanqueados por muros de piedra seca tomamos la cañada de la Cerrada de Garay, que ha de conducirnos a la ermita que estuvo en su día acompañada por un poblado que seria el origen del actual pueblo de Gargantilla. Hoy sólo quedan los muros y la espadaña. El edificio y el entorno que ocupa está declarado Bien de Interés Cultural en la categoría de Sitio Histórico. Se trata del primer Sitio Histórico que se declara en la Comunidad de Madrid.

La ermita es una construcción modesta de carácter rural, que forma parte del grupo de iglesias y ermitas bajomedievales de la Sierra Norte madrileña, que se caracterizan por combinar elementos románicos y góticos con el ladrillo típico del mudéjar . Las primeras referencias documentales de la ermita las encontramos en el *Libro de Montería* de Alfonso XI, del siglo XIV, aunque su origen podría ser anterior. La sencillez de su factura choca con la importancia del acontecimiento

ANTONIO TEJERO

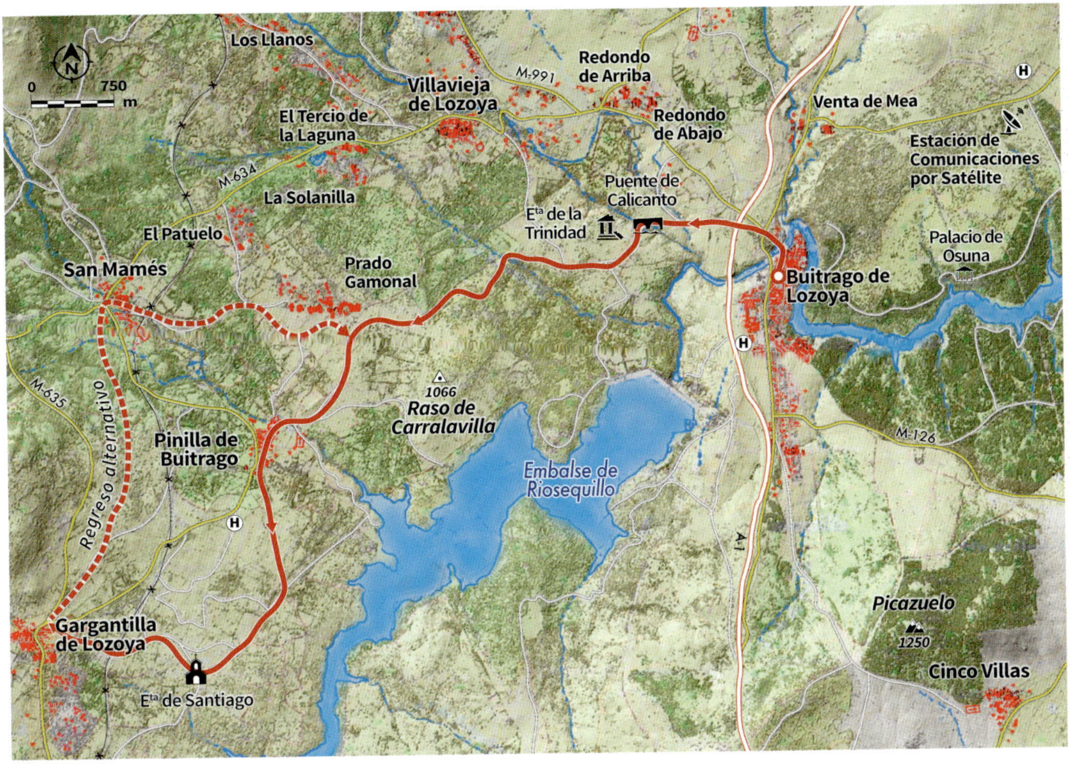

histórico tan trascendental que tuvo aquí lugar. El cementerio municipal de Gargantilla está al lado de la ermita ,cuyo interior ha venido siendo utilizado también como camposanto.

Las casas de Gargantilla de Lozoya están a poca distancia y hacia ellas enfilamos nuestros pasos utilizando una amplia y cómoda pista que cruza por un paso elevado la línea ferroviaria Madrid-Burgos, en desuso desde 2011. Como curiosidad cabe señalar que este pueblo es uno de los dos barrios que forma el municipio con el nombre oficial más largo de España: Gargantilla del Lozoya y Pinilla de Buitrago.

Siendo una ruta lineal hay que contar con dos automóviles. Cabe la opción de regresar a Buitrago combinado otros caminos señalizados por Carpetania (señales 109, 147, 49 y 41). También cabe la posibilidad de pernoctar en Gargantilla y regresar al día siguiente. El pueblo dispone de alojamientos y de un camping con bungalows y cabañas en los árboles.

FICHA TÉCNICA

COMIENZO:
Buitrago de Lozoya 975 m.
FINAL:
Gargantilla de Lozoya 1133 m.
LONGITUD: 10,9 km.
DESNIVEL: +273 m y -122 m.
TIEMPO: 2h 30 min.
CARTOGRAFÍA: hojas 84.1 y 2 del IGN 1:25 000
TRACK: https://desni.in/rutabeltraneja
OBSERVACIONES: la ruta es ciclable salvo un corto tramo antes de llegar al puente de Calicanto y la subida desde el puente.

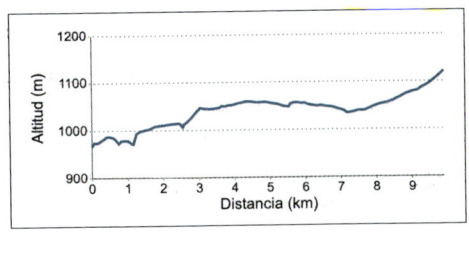

En la otra página, la solitaria espadaña del Tercio de la Trinidad. Debajo, excursión ecuestre por el camino que va de Pinilla de Buitrago a la ermita de Santiago.

VIAJE AL PASADO

RUTA DEL FRENTE DE SOMOSIERRA

Entre los pueblos de Piñuécar y Gandullas se desarrolla un entramado de fortines, búnkeres y trincheras construidas por el ejército de la República y el ejército golpista en los primeros días de la Guerra Civil, cuando los sublevados intentaron rendir Madrid por sed, haciéndose con el control de los embalses situados en Somosierra. Muchas de estas construcciones permanecen en pie como testigos de aquél trágico periodo. // Texto: redacción GE. Fotos: varios autores.

Esto es lo que se ve por una de las troneras del búnker de Peñas Zorreras. En primer plano, las antenas de la Estación de Comunicaciones por Satélite. Al fondo, el embalse de Puentes Viejas.

EL catálogo de construcciones bélicas en la sierra y alrededores es abrumador: ¡más 5000! entre búnkeres, fortines, trincheras, refugios, puestos de observación, nidos de ametralladora… Al terminar la guerra, muchas fortificaciones republicanas fueron destruidas y otras se desmoronaron por su pobre factura y hoy son irreconocibles. Las levantadas por el ejército franquista han resistido mejor el paso del tiempo gracias a la calidad de los materiales que se utilizaron. Los mejores exponentes se conservan en el sector central de la Sierra de Guadarrama ya que fue el más disputado, por tener los importantes puertos del Alto del León, Navacerrada y Somosierra. A los pies de este último, en el Cerro Piñúecar y alrededores se pueden visitar un buen número de fortines y otras construcciones en buen estado de conservación. La ruta que describimos a continuación forma parte de la Red Local de Carpetania, en este caso de la Red de Piñuécar-Gandullas, que incluye además de esta otra ruta más.

ITINERARIO

Es muy probable que el origen de Piñuécar —que forma con el vecino Gandullas un único municipio— sea, como tantos otros pueblos del Valle Medio del Lozoya, el de una venta o asentamiento de pastores trashumantes ligada a la Cañada Real Segoviana. Hoy, el pueblo tiene una población muy envejecida que no llega al centenar de almas, y no es difícil que algún vecino pueda rememorar los trágicos años en los que se construyeron los fortines que vamos a visitar en esta excursión que comienza junto a la iglesia de San Simón o junto al cementerio, lo mismo da.

Cabeza Piñuécar, nuestro primer objetivo está justo encima de nosotros hacia el oeste, a

JAVIER CARBALLO

un kilómetro de distancia. Hacia su cima iremos por un carril que comienza en el cementerio, que si bien, en un primer momento, toma rumbo suroeste, muy pronto gira hacia el noroeste y apunta hacia uno bosquecillo aislado. A partir de aquí el camino se desdibuja algo pero esto no es un problema porque el objetivo es muy visible.

Bajo las peñas, donde se levanta un vértice geodésico encontramos el observatorio desde donde se dirigían los disparos de la artillería franquista apostada en la Venta Gamera. La vista que se abarca desde aquí justifica su elección pues se cubre todo el corredor natural por donde pasaba la antigua carretera de Burgos hoy ocupada por la autovía. Como a un kilómetro al sur se divisa Cabeza Retamosa, y medio kilómetro más al sur, la Peña del Alemán (Cabeza Velayos) que constituían las primeras líneas de ambos ejércitos.

Arriba, el búnker de Peña Zorreras, construido sobre un afloramiento de cuarcita. En la otra página, la cumbre de Cabeza Piñuécar. Al lado del vértice se aprecia parte del observatorio.

Regresamos al cementerio por el mismo camino y llegados a éste continuamos por la ancha pista que se dirige hacia el sur atravesando prados de pasto con alguna encina dispersa y rodales de coscoja. A la vista del Cerro Retamosa, donde está nuestro segundo objetivo, abandonamos la pista principal —que se orienta al suroeste— y continuamos por un camino menos marcado que sigue la tendencia que traíamos. En breve toparemos con una señal de Carpetania (SN106) que indica el camino hacia el Cerro Retamosa y las posiciones de la Peña del Alemán. Nos dirigimos primero hacia Retamosa donde encontraremos un nido de ametralladora de planta pentagonal muy bien conservado, la

entrada a un refugio subterráneo con varias salidas y restos evidentes de unas trincheras. Poco más allá, hacia la izquierda, se divisan más trincheras y otro nido de ametralladoras. Todo este grupo defensivo se conocía como la Trinchera de la Muerte, el Hambre y la Miseria.

Al sur, al otro lado de una ancha vaguada, está la Peña del Alemán, primera línea del ejército republicano, que es nuestra próxima visita. Regresamos a la última señal para tomar el camino de Cabeza Velayos. En el tramo, a nuestra derecha, se aprecia el fortín La Llorona. En Cabeza Velayos se conserva en bastante buen estado el fortín desde el que los soldados republicanos vigilaban a los sublevados. En la base, cerca de unas rocas, se aprecia la entrada de una cueva que fue utilizada como polvorín. Es imposible no sentir un escalofrío cuando se entra en estos búnkeres y pensar en las penalidades que debieron de pasar los soldados de uno y otro ejército.

Regresamos al camino para continuar la ruta que nos aproxima a Gandullas. A nuestra derecha asoman las grandes antenas parabólicas de la Estación Comunicaciones por Satélite de la CTNE. Esta instalación fue uno de los primeros centros de seguimiento de comunicaciones por

FOTOS: DIONI SERRANO

Arriba, el nido de ametralladora del Cerro Retamosa. Junto a él está la entrada de un refugio subterráneo. Sobre estas líneas poste de señales de Carpetania. El color rojo identifica un itinerario local.

satélite que se construyeron en Europa. Estuvo operativa entre 1967 y 2003. Sus antenas de treinta metros de diámetro quedaron apuntando hacia el cielo cuando la actividad se trasladó a Armuña, en Guadalajara.

Muy cerca del helipuerto de Gandullas vemos a la izquierda, a pocos metros del camino y medio oculto por unos quejigos, el búnker de Peña Zorreras. Gandullas marca, más o menos, la mitad del camino y es un momento bueno

para tomar un descanso y calmar la sed y el hambre en alguno de los bares de este pueblo cuyo hito más interesante es la Piedra de las Veces, una especie de reloj de sol que marcaba los turnos de riego. De la piedra se habla ya en las *Ordenanzas de la Reguera de Piñuécar*, de 1593, en las que se describe el reparto del agua entre las poblaciones de Piñuécar, La Serna, Bellidas y Ventosilla. En el municipio aún se conservan las regueras construidas por los árabes asentados en la zona entre los siglos VIII y X.

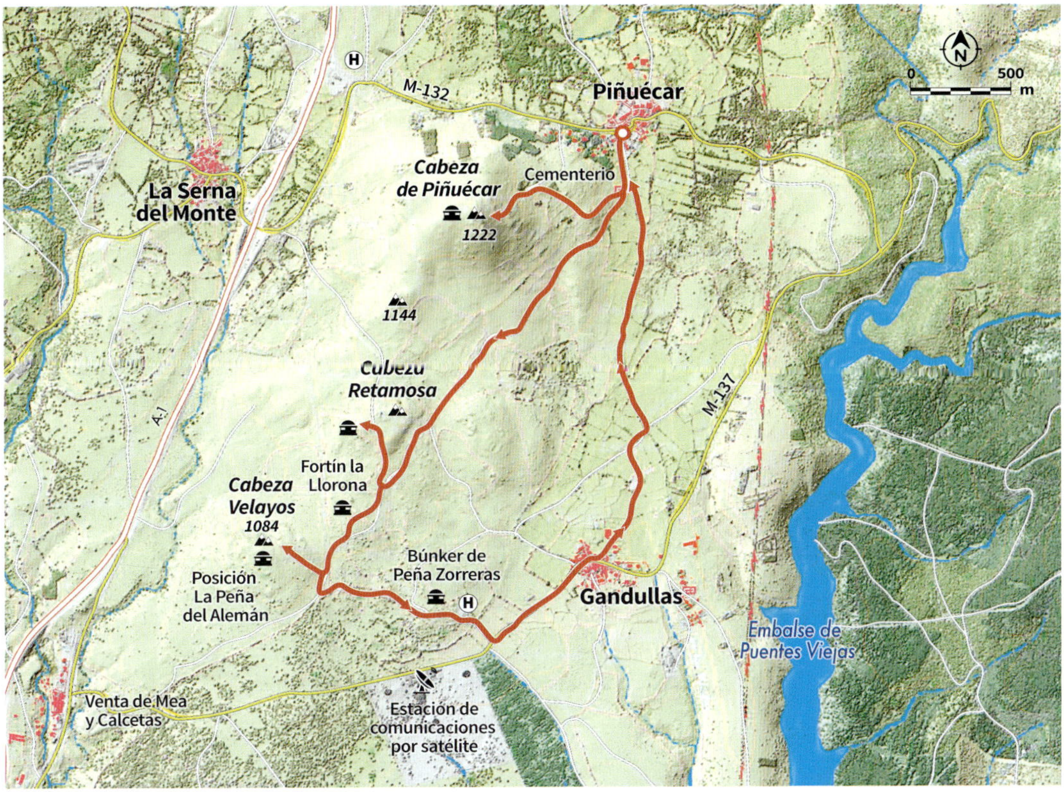

Detrás de la iglesia comienza la ancha pista por la que iniciamos el regreso a Piñuécar. Pocos metros después de dejar atrás el campo de fútbol desembocamos en la Colada de la Zarcilla por la que caminaremos brevemente, pues enseguida la dejaremos para tomar un camino —señalizado con un poste de Carpetania— que nos ha de llevar de vuelta a Piñuécar entre prados y muros de piedra seca.

COMIENZO: población de Piñuécar (1061 m).
TIPO: circular.
LONGITUD: 11,15 km.
DESNIVEL: +263 m.
CARTOGRAFÍA: hoja 458-4 del IGN 1: 25 000.
TRACK: https://desni.in/frentesomosierra
OBSERVACIONES: todo el recorrido es ciclable salvo los últimos metros del Cerro Piñuécar.
PARA SABER MÁS: para conocer más sobre los restos bélicos de la Sierra de Guadarrama y sierras vecinas sugerimos consultar los volúmenes 1 y 2 de *Caminando por los escenarios de la Guerra Civil*, de Domingo Pliego (Ed. Desnivel. Madrid 2009 y 2010).

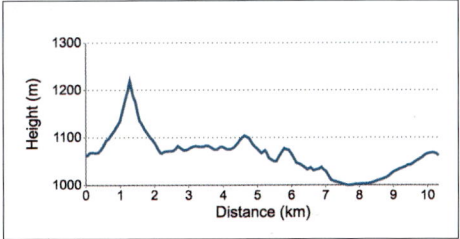

El interés etnográfico y patrimonial no es el único acicate de este itinerario que nos conducirá por lugares de exquisita belleza natural.

MARAVILLAS DE LA SIERRA DEL RINCÓN

La Sierra del Rincón es un territorio bravío encajado entre el puerto de Somosierra y el macizo de Ayllón con un relieve muy complejo que ha dificultado secularmente la comunicación. Esta circunstancia, que en el pasado fue un handicap para la comarca, contribuyó a conservar el territorio hasta tal punto que fue declarada Reserva de la Biosfera en 2005. La sencilla excursión que describimos une tres de los cinco municipios de la comarca

Texto: redacción GE. Fotos: varios autores.

Ermita de Nuestra Señora de los Dolores, situada en las inmediaciones de Horcajuelo de la Sierra, cuya iglesia se ve en la foto inferior.

D E los cinco municipios que la integran, La Hiruela, Horcajuelo de la Sierra, Montejo de la Sierra, Prádena del Rincón y Puebla de la Sierra, el más conocido de la Sierra del Rincón es Montejo de la Sierra gracias al hayedo homónimo, pero todos los municipios poseen valores que justifican acercarse a ellos, como demuestra la corta ruta circular propuesta por Carpetania que une Prádena, Horcajuelo y Montejo, tres bellos pueblos encajonados en la cabecera del valle que forman los arroyos que bajan de las sierras adyacentes. Además de transitar por un marco natural que no tiene parangón en el resto de la región, la ruta ofrece destacadas muestras de arquitectura rural, zonas de huerta, prados cercados con muros de piedra seca, vías pecuarias… todo un repertorio de elementos que reflejan la vida de estos pueblos.

ITINERARIO

La excursión puede iniciarse en cualquiera de los tres pueblos que se visitan en el curso de ésta y en ambos sentidos. No hay que olvidar que la señalización de Carpetania es bidireccional. Elegimos en esta ocasión Prádena del Rincón y en el sentido de las agujas del reloj. En la Plaza de la Constitución la señal SN127 de Carpetania informa de la dirección a tomar para ir al collado de la Dehesilla, aunque no será necesario llegar hasta él pues antes, una nueva señal, la SN23 nos indica el desvío hacia Horcajuelo.

Bajamos por la calle de la Iglesia que nos lleva, como era de esperar, a la Iglesia parroquial. Santo Domingo de Silos —no confundir con el monasterio soriano— destaca por su bella factura y por la necrópolis que guarda en su interior y que salió a la luz durante la restauración que

se llevó a cabo entre los años 2011 y 2014. La necrópolis data de la fundación de la iglesia (siglo XII), y la forman 96 tumbas excavadas en la roca. Su visita es más que recomendable.

El itinerario nos saca del pueblo en dirección al arroyo de las Garitas o de las Cabrillas. Poco después de cruzarlo llegamos a un cruce donde la ruta da un quiebro de noventa grados hacia el norte. El cambio de dirección, debidamente señalizado (SN23), nos orienta hacia Horcajuelo de la Sierra. Caminamos por un cómodo cordel ganadero que abandonaremos en la bonita ermita de Nuestra Señora de los Dolores para entrar en la población.

Horcajuelo es un pueblo con una arquitectura rural muy cuidada. La corta distancia de la excursión da la oportunidad de callejear y visitar alguno de los museos que posee.

Un pueblo de museo

Horcajuelo de la Sierra es todo él un museo de arquitectura popular que en 1980 fue declarado «núcleo de interés rural». Un paseo por sus calles es una inmersión en un modo de vida que ha prácticamente ha desaparecido; una exploración que podemos completar con la visita al Museo Etnográfico, ubicado en una casa tradicional rehabilitada en 1997. En él se conservan objetos relacionados con las labores diarias: aperos de la labranza, objetos para la medición del grano o para la preparación de la harina, la artesa y la amasadora del pan, entre otras. En las plantas superiores se ha recreado una vivienda tradicional, con objetos y mobiliario donados por los vecinos y, además, varios ejemplos de indumentaria tradicional, tanto cotidiana como festiva, procedente de varios municipios.El Museo Etnológico cuenta con visita guiada y gratuita e incluye visita a la fragua donde se ha reconstruido el antiguo taller de un herrero con todos y cada uno de los utensilios y herramientas requeridas para trabajar el hierro. En la parte alta del pueblo, en el edificio de la Reserva de la Biosfera, está el Museo Vargas, que alberga la obra artística de Ramón de Vargas pintor, escultor y fotógrafo vasco de reconocido prestigio. El museo se abrió en 2018 y, en la actualidad, está cerrado temporalmente.

FOTOS: SIERRA NORTE

Hecho esto seguimos en dirección a Montejo, siguiendo las indicaciones de la SN74. Tras un breve tramo por carretera, entramos en el camino de las huertas, un precioso sendero jalonado de muros de piedra seca a la sombra de nogales, robles y fresnos. A ambos lados del camino hay pequeñas huertas en donde se cultiva, entre otras verduras, los famosos judiones de Montejo.

El camino entra en Montejo, otro ejemplo de pueblo que ha resistido bien el tsunami turístico y ha mantenido su arquitectura tradicional. La Fuente de los Tres Caños, la Iglesia de Sa Pedro in Cathedra o el horno suspendido son algunos atractivos que no hay que perderse. Casi seguro que algunos caminantes preguntarán cómo llegar al hayedo que ha hecho famoso al municipio, y se llevarán un disgusto al descubrir que el bosque está algo alejado del pueblo —unos seis kilómetros— y que es necesario reservar la entrada con muchos meses de antelación.

Arriba, tumbas antropomorficas en la iglesia de Prádena del Rincón encontradas durante unos trabajos de reconstrucción. Debajo, llegando a Horcajuelo de la Sierra.

JAVIER CARBALLO

Una nueva señal de Carpetania, la SN153, nos marca el rumbo para continuar la excursión hacia Prádena pasando por la ermita de Nazaret. Callejeando salimos del pueblo y bajamos al arroyo de la Madre o de la Mata. Un cartel explica que este camino es utilizado desde hace muchos años en una romería que se celebra el último sábado del mes de mayo. Ese día, a las 12 de la mañana, una vez preparada y adornada la Virgen en la Iglesia de Montejo se hacen sonar las campanas y se saca a la virgen en dirección a la ermita de Nazaret.

Al otro lado del puente, la pista se divide. Continuamos por el ramal de la izquierda. Caminamos cómodamente por el paraje de Los Llanos rumbo a la ermita. Es éste un vasto erial (antiguos linares) desde el que se tiene una muy buena vista de los picos circundantes. Al fondo del praderío el camino se divide en tres. Hay que tomar el ramal de la derecha para llegar a la ermita ubicada a 1222 metros de altitud, en lo alto de un pequeño cerrillo desde el

La ermita de Nazaret tiene origen medieval pero la que vemos hoy es fruto de numerosas reconstrucciones. Debajo, praderas cerca de la ermita con la Sierra de la Puebla al fondo.

FOTOS: JAVIER CARBALLO

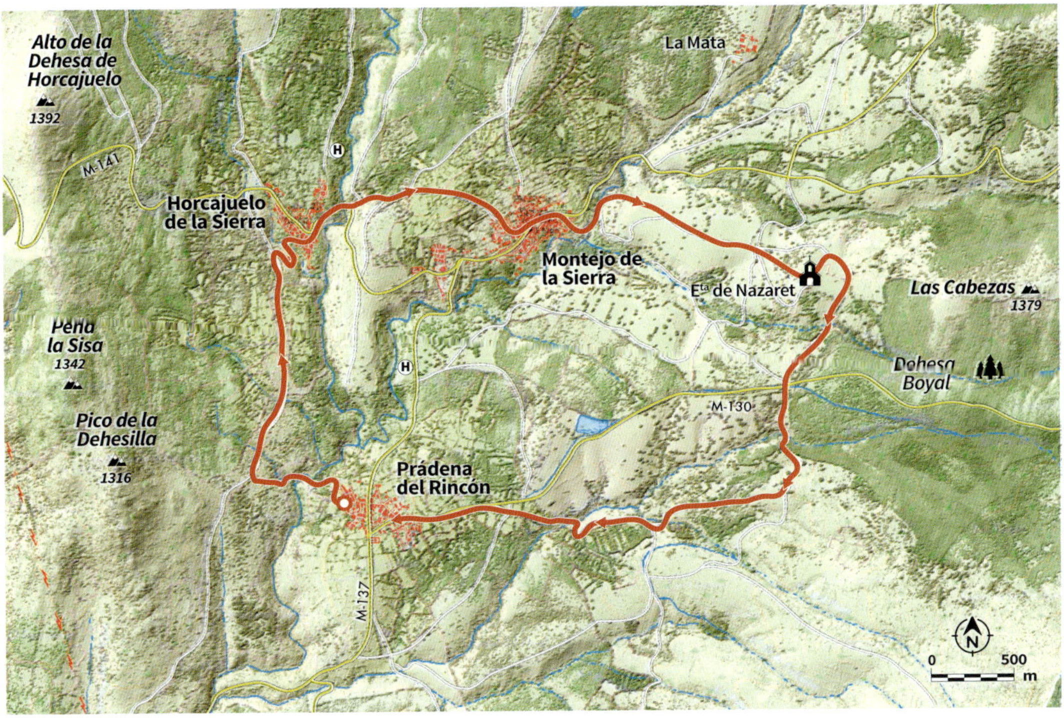

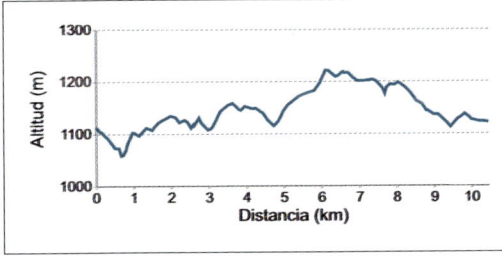

FICHA TÉCNICA

COMIENZO: Prádena del Rincón 1104 m. **TIPO:** circular.
LONGITUD: 11,55 km.
DESNIVEL: +260 m.
CAARTOGRAFÍA: hojas 458-4 y 459-3 IGN. 1.25 000.
TRACK: https://desni.in/maravillasrincon
OBSERVACIONES: la ruta es ciclable cien por cien.

que se contempla todo el valle y Montejo de la Sierra. La ermita ya aparece mencionada en el Libro de Montería de Alfonso XI, como Santa María de Nacerni, aunque la que se ve hoy es fruto de numerosas reconstrucciones. A la izquierda del templo hay un estupendo mirador con un panel informativo.

Seguimos la jornada por el camino que arranca por el costado izquierdo de la ermita hasta la zona de Los Ciruelos, donde giramos a la derecha en una bifurcación. Casi inmediatamente, atravesamos otra cancela que da acceso a una zona de pasto al pie del Cerro de las Cabezas. El camino se bifurca y hemos de continuar por el ramal de la derecha, una amplia vía pecuaria custodiada por muros de piedra seca que ha de llevarnos directamente a la carretera M-130. Al otro lado del asfalto continúa la pista por la que continuamos. Unos 700 metros después la pista se divide en el lugar conocido como los Prados de Puente Linares. El camino desciende para cruzar el arroyo de los Santillos, y después encontramos la SN148 que indica la dirección hacia Prádena a donde llegaremos en breve, no sin antes caminar unos centenares de metros por una acera al lado de la carretera.

ALTO DEL PORREJÓN

El Alto del Porrejón (1823 m) es una de las montañas más bonitas de la Sierra Norte, pero suele pasar inadvertida debido a que no destaca dentro del precioso cordal en el que se ubica. Menos conocida que su vecina Peña la Cabra, esta cima nos permite ver con más detalle la Sierra del Rincón y la de Ayllón. La ruta que proponemos también nos permite conocer la dehesa de robles de La Hiruela y el bonito collado del Salinero. // Texto: José David Pajares /Javier Carballo- Fotos: Javier Carballo.

L A Sierra del Rincón es un laberinto de valles, barrancos, ríos, bosques, montes y praderas. En lo más alto de la sierra, nace el río Jarama atravesando parajes tan idílicos y solitarios que cuesta creer que la gran urbe de Madrid solo esté a cien kilómetros. Los primeros pueblos que bañan sus aguas son El Cardoso de la Sierra, arriacense, y La Hiruela, madrileño.

A las faldas del vertiginoso alto de Bañaderos, rodeado por los Picos de Morra de la De-hesa y Cabeza del Burrial, en un accidentado terreno en el que se alternan prados y robledales, se encuentra La Hiruela. Su casco urbano, formado por casas de piedra, adobe y madera, apenas ha sufrido modificaciones, lo que confiere al pueblo una identidad arquitectónica propia que lo sitúa como uno de los mejor conservados de la región madrileña.

Con un acertado criterio, está prohibido el paso de coches salvo para los vecinos, y se han

Unas rocas que hay después de dejar atrás el Cerro Salinero dan la oportunidad de posar frente al infinito. Debajo, poste de señales de Carpetania en el collado del Salinero. A la derecha, la dehesa de robles de La Hiruela.

habilitado varios aparcamientos a la entrada del pueblo. Desde este aparcamiento acertaremos a ver el famoso Peral de La Hiruela. ¿Qué por qué puede ser famoso un peral? Hace unos doscientos años, a un hiruelano se le ocurrió plantar un peral, árbol frutal que no se conocía en la zona. El peral creció y el éxito de sus peras fue tal que se plantaron perales en toda la zona, aunque ninguno alcanzó el desarrollo y la longevidad de este ejemplar que aún hoy sigue dando unas peras tan ricas que hasta tienen una copla propia en el cancionero popular de

la comarca. Este árbol no sólo es el peral de mayores dimensiones de la Comunidad de Madrid, también ostenta el record de uno de los mayores de España.

ITINERARIO

Comenzamos frente al ayuntamiento de La Hiruela, donde tenemos la señal vertical SN65 y seguimos las indicaciones hacia Puerto de La Hiruela y La Puebla. Para evitar un tramo por carretera decidimos subir por un sendero que pasa por un par de bonitos miradores en la zona

alta del pueblo. Ascendemos por el camino de la loma de Los Raseros hasta una caseta de vigilancia de incendios donde se halla la SN64, y giramos hacia la izquierda hacia puerto de La Hiruela caminando por el margen derecho de la carretera. Una vez en el puerto seguimos las indicaciones de la señal SN52 en dirección al collado del Salinero utilizando un sendero que remonta la loma del Cerro Salinero. Una vez ganada cierta altura, el sendero sortea la cima del cerro por su ladera sureste para descender suavemente al collado del Salinero.

El collado es un lugar idílico que nos ofrece grandes panorámicas; un lugar ideal para observar algunas aves de montaña, como el roquero rojo. Una nueva señal de Carpetania (SN35) nos indica la dirección hacia el Alto del Porrejón. El sendero asciende de manera clara entre brezos y afilados afloramientos de pizarra que dan al entorno un ambiente muy particular.

Una vez arriba se nos abren unas vistas espectaculares. Hacia el norte y hacia el este la Sierra de Ayllón nos muestra sus salvajes cimas: el Tres Provincias, junto al puerto de

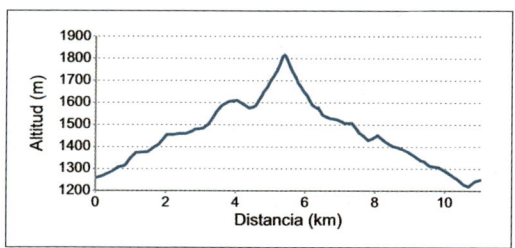

FICHA TÉCNICA

COMIENZO: La Hiruela (1257 m).
TIPO: circular.
LONGITUD: 12,30 km.
DESNIVEL: +622 m.
CARTOGRAFÍA: hoja 459-3 del IGN. 1:25 000.
TRACK: https://desni.in/altoporrejon
OBSERVACIONES: no ciclable

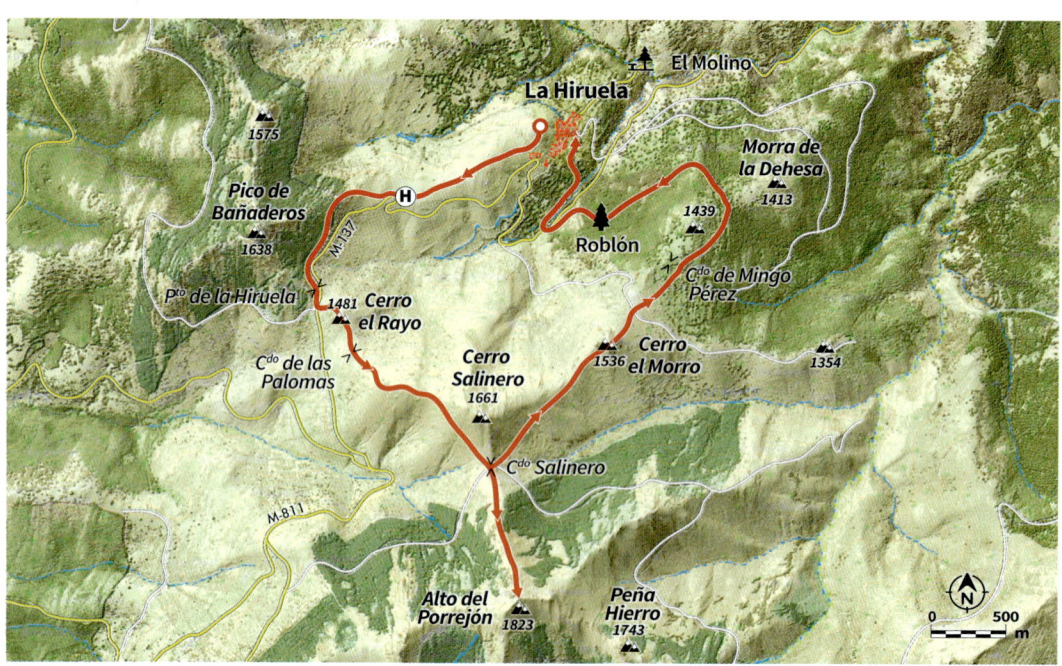

A la izquierda, la cima del Porrejón vista desde el pequeño collado previo que tiene dos grandes hitos de piedra. Debajo, las casas de La Hiruela y, detrás, las del Cardoso vistas desde las proximidades del Cerro el Morro.

Descendemos por el mismo sendero hasta el collado del Salinero, y al llegar a la señal tomamos el camino hacia Dehesa de La Hiruela. Tras descender poco a poco por la ladera de Los Horcajos, decidimos subir al Cerro el Morro desde el cual tenemos unas bonitas vistas de los pueblos de La Hiruela y Cardoso de la Sierra.

Llegamos al cruce con el sendero de gran recorrido GR 88 que habíamos abandonado para subir al Cerro el Morro y continuamos por un terreno cubierto de cambroño que dificulta la localización del sendero. Con algo de intuición y sin perder rumbo noreste llegaremos a unos robles donde el sendero se hace más evidente. Continuamos por él hasta que gira y cambiamos de vertiente en el collado Hondo, por donde accedemos a la dehesa de La Hiruela. Espectaculares rebollos nos acompañan en el descenso. Tras cruzar la carretera, la senda de Fuente Lugar nos guía de regreso al punto de partida.

Somosierra, el Pico del Lobo, fácilmente identificable por la construcción ruinosa que se levanta en su cima, el Cerrón, el Cerro de la Calahorra.... Hacia el este, valles, barrancos y cimas como el Ocejón dominan la escena. Hacia el oeste y hacia el sur la Sierra del Rincón y la Sierra de Guadarrama completan esta magnífica visual de 360 grados.

UNA EXCURSIÓN SOBRE RUEDAS
FUENTES DEL JARAMA

El río Manzanares tiene la fama pero es el Jarama el que carda la lana
por ser más largo, más caudaloso y más literario. Por si le faltaran
credenciales para auparlo al podio, recordemos que, al poco de nacer en
un rincón remoto de la Sierra del Rincón, riega el bosque más
famoso de la región. Acercarse a la cuna del Jarama es el propósito
de esta excursión sobre ruedas. // Texto: Dioni Serrano. Fotos: varios autores.

Abedules y robles salpican el pinar que ocupa la parte alta de las laderas del joven valle del Jarama poniendo algunas notas de color que hacen más llevadera la larga cuesta.

DIONI SERRANO

DIO título a una novela que marcó un hito en la literatura española del siglo XX; los aficionados a la velocidad tienen un circuito con su nombre; una de las batallas más trágicas de la Guerra Civil lleva su nombre… El río Jarama es mucho más que el río más largo de la Comunidad de Madrid —190 kilómetros por la región madrileña—; es un tesoro.

El Jarama nace en un remoto rincón de las estribaciones del Pico de Cebollera (también llamado Pico de las Tres Provincias) en la Sierra de Ayllón. A más de 1800 metros de altitud, numerosos manantiales juntan sus aguas para formar la corriente que muy pronto se encajona rodeada de robles, tejos, acebos, abedules, sauces, álamos temblones, serbales, alisos, avellanos, fresnos… y hayas. El Jarama riega las raíces del que, probablemente es uno de los hayedos más famosos de la península Ibérica, si no por su extensión sí por estar tan al sur.

Una de las sendas oficiales del hayedo de Montejo discurre junto al río Jarama, pero para entrar en el hayedo es imprescindible reservar con varios meses de antelación, sobre todo en otoño. Pero no es necesario pasar por ventanilla para acercarnos a las fuentes del Jarama. Podemos hacerlo gracias a una pista forestal que comienza en el puerto del Cardoso, a la entrada del hayedo.

ITINERARIO

El circuito puede iniciarse en Horcajuelo de la Sierra, en Montejo de la Sierra o en el puerto del Cardoso, y hacerlo en ambos sentidos. Aquí lo describimos comenzando en Horcajuelo y yendo contrarreloj porque así la fuerte subida —más de 800 metros de desnivel— es más tendida.

SIERRA NORTE

Horcajuelo es pintoresco y tranquilo. A primeras horas de la mañana de un sábado o un domingo es difícil cruzarse con un paisano mientras vamos a buscar la carretera que va a Montejo, siguiendo las indicaciones de la señal SN74. Tras una bajada corta, inmediatamente después de cruzar el puente del arroyo de la Garita hay que tomar el camino de las Huertas. La dura rampa inicial obliga a echar pie a tierra. Superada ésta, sobreviene un precioso sendero flanqueado por muros de piedra seca a la sombra de nogales, robles y fresnos.

A los pocos minutos entramos en Montejo y llegamos a su Plaza Mayor. Continuamos por la calle principal (la carretera) unos metros hasta la Plaza de la Fuente donde la señal SN75 nos invita a ir hacia la Dehesa de Montejo y el puerto del Cardoso. Comienza una cuesta arriba que,

Arriba, el puerto del Cardoso visto desde la pista que conduce al collado del Mosquito. En la otra página, pedaleando por el tramo que atraviesa la bonita dehesa boyal de Montejo.

salvo breves descensos y llaneos, no terminará hasta el collado del Mosquito.

La pista atraviesa la bonita dehesa de robles melojos y sale a campo abierto. Según vamos ganando altura el firme se deteriora. Una amplia pradera donde se pierde el camino anuncia la proximidad del puerto del Cardoso. Delante de nosotros, a nuestra derecha, se alza la larga loma que culmina en El Cerrón. A nuestra izquierda, la loma de Sierra Escalba cubierta de pinares. Aunque el track «oficial» dirige hacia el puerto del Cardoso se puede atajar yendo rectos hacia una vivienda donde se reencuentra el track. Respiramos con alivio al compro-

A la derecha, la llegada a Horcajuelo encantados de haber completado el circuito. En la otra página, el momento en el que se deja atrás el puerto del Cardoso para empezar a subir hacia el collado del Mosquito, donde está tomada la fotografía inferior. A partir de aquí todo —o casi todo— es bajada.

FICHA TÉCNICA

COMIENZO: Horcajuelo de la Sierra (1144 m).
TIPO: circular.
LONGITUD: 32,64 km.
DESNIVEL: +810 m.
CARTOGRAFÍA: hoja 458-4 del IGN. 1:25 000.
TRACK: https://desni.in/fuentesjarama
CICLABILIDAD: 99%.

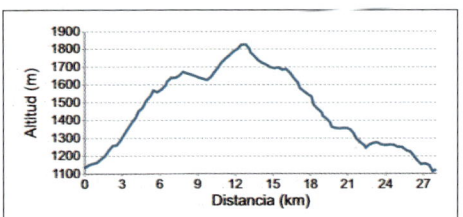

bar que no hay que atacar una pista que escala la ladera de la izquierda sino seguir de frente por la pista que ha de llevarnos al collado del Mosquito. En un primer momento pasamos por encima del hayedo de Montejo oculto por una orla de pinos, aunque se distingue algún haya solitaria. La pista traza varios zigzag y tras un breve paso por una zona desarbolada entra en el umbrío pinar del Río Madre.

Según vamos sumando metros vamos ganando perspectiva del valle del alto Jarama. Todas la laderas están cubiertas de pinos y robles y rodales de abedules y álamos temblones. La pista llanea un par de kilómetros dando un respiro y la posibilidad de concentrarnos en el monumental ambiente que nos rodea.

Nos acercamos a la última curva de la subida. La pista vuelve a ponerse de manos pero ya se barrunta el collado que marca el final de la larga escalada. La parada en el collado del Mosquito es obligatoriamente larga. El cuerpo demanda descanso y las vistas son fantásticas. Por el norte, el horizonte está ocupado por el cordal que va de Peña Cebollera hasta el Pico del Lobo y, a su de-

recha, el Cerrón. Hacia el sur, nada se interpone a la vista hasta los rascacielos de Madrid. En primer plano, el valle de las Cabrillas que «huye» hacia Horcajuelo y en segundo plano, la quebrada silueta de la Sierra de la Cabrera.

Comenzamos un descenso de los que ponen a prueba los frenos. En la primera curva dejamos a un lado una pista que baja directamente a Horcajuelo y seguimos por la principal. Dejamos a nuestra izquierda sendas pistas que más parecen cortafuegos y al llegar a la vertical de Cebollera la Nueva, tras pasar una barrera, giramos 180 grados hacia la izquierda por una

pista que, muy pronto, se orienta al sur para desembocar en el Camino de las Minas. En el desvío encontramos la señal SN7 de Carpetania. Las indicaciones son claras: Horcajuelo: 6,4 kilómetros. Es obligatorio detenerse unos minutos para admirar el ancho valle que desciende del puerto de Somosierra, con sus laderas cubiertas de robles y pinos y cerrado al norte por los Montes Carpetanos.

Una corta subida nos sitúa en el collado de majada Teresa en el que damos vista al valle de Horcajuelo. Una nueva señal, la SN88, indica el camino hacia Horcajuelo. Comienza otro tramo de bajada vertiginosa en el que hay que ir con cuidado por la presencia de piedra suelta, profundos baches, rodadas… y también vacas y caballos que campan a sus anchas.

Entramos en Horcajuelo por su parte alta, entre casas de nueva construcción pero muy rústicas. En una de ellas está el museo de Ramón Vargas, un artista plástico vizcaíno relacionado con este pueblo. Está cerrado. Nos acercamos al museo Etnológico a probar suerte, pero los domingos sólo abre por la mañana. ¡Qué lástima!

La imagen habla por sí sola. La vista de la comarca de Sierra Norte que se consigue desde La Horizontal no se puede abarcar de una sola mirada.

EL GRAN CIRCUITO CICLOTURISTA
LA HORIZONTAL

La Horizontal es una pista que une los puertos de Navafría y Somosierra bien conocida por los aficionados a la bicicleta de montaña de Madrid y Segovia. La pista transita a gran altura y ofrece espectaculares vistas del Valle del Lozoya y la comarca de Sierra Norte. Desmintiendo su nombre, la pista es una montaña rusa que pone a prueba las piernas y el corazón.

TEXTO: REDACCIÓN GE. FOTOS: VARIOS AUTORES.

L O más habitual es comenzar La Horizontal en el puerto de Navafría, cubrir algo más de la mitad y regresar de nuevo al puerto. Sólo los ciclistas más potentes llegan hasta Somosierra y regresan por el mismo camino, porque esto supone casi un centenar de kilómetros y mucho desnivel. Tomando esta ruta como columna vertebral, Carpetania propone tres itinerarios circulares para bicicleta de montaña: Horizontal Sur, Horizontal Norte y Horizontal Integral. Los dos primeros suman 53 y 47 kilómetros respectivamente, con desniveles que en ambos casos llegan a los 1100 metros.

La Horizontal Integral, por su parte, tiene una longitud de 90 kilómetros y un desnivel acumulado que se acerca a los 2000 metros. Aunque algunos ciclistas podrán hacerla en un día, los promotores aconsejan tomárselo con calma y emplear dos días, pernoctando bien en Somosierra, bien en Lozoya, dependiendo de donde se comience, pues ambas poblaciones tienen alojamientos. Esta forma más relajada de hacer la ruta da la oportunidad de «empaparse» de la esencia serrana del Valle de Lozoya.

Horizontal Sur

En lugar de comenzar en el puerto de Navafría, comienza en el pueblo de Lozoya y sube a encontrarse con La Horizontal por el Camino del Carretero, una pista ancha y con buen firme que comienza en la carretera que sube al puerto de Navafría. Es una dura ascensión que supera 600

Arriba, una espectacular vista de los Montes Carpetanos vistos desde Buitrago de Lozoya. La Horizontal los recorre más o menos por la línea de nieve. Debajo, en el tramo empinadísimo que comienza después de La Acebeda, cuyas casas se distinguen detrás.

DIONI SERRANO

metros de desnivel. Justo en el lugar donde el Camino del Carretero se incorpora a La Horizontal hay una señal de Carpetania (SN51). Ya en La Horizontal continuamos hacia el puerto de Linera y puerto de Peñaquemada. A partir de aquí la tendencia general es de bajada, aunque interrumpida de tramo en tramo por alguna antipática subida. El paisaje es grandioso. El valle del Lozoya y las cumbres de la sierra se dominan desde nuestra posición. Los pinares se alternan con piornales y zonas despejadas en las proximidades del cordal.

Pasamos por el histórico puerto de Linera y antes de llegar al de Peñaquemada, en la señal SN54 dejamos la Horizontal para incorporarnos al camino de Braojos. Un vertiginoso descenso

por un denso pinar, nos conduce hasta el refugio forestal del Santuy. Un poco más adelante, en la señal SN53 tomamos la dirección hacia Villavieja y Gascones.

Continuamos descendiendo por una dehesa de robles para llegar a la arruinada estación de tren de Gascones-Buitrago de la línea Madrid-Burgos, interrumpida de forma parcial tras un desprendimiento ocurrido en el túnel de Somosierra en marzo del 2011. Allí nos incorporamos a una carretera que pasa por Villavieja.

En Villavieja continuamos en dirección a Pinilla. Poco después, en unos prados, encontramos otra señal (SN41) y tomamos el camino de San Mamés. Una vez en el pueblo tomamos la carretera M-634 hacia Navarredonda, y un vez allí continuamos hacia Portachuelo y Gargantilla. El camino asciende entre robles hasta el alto

Arriba, el bonito tramo en descenso que termina en Lozoya, cuya iglesia se ve en la foto inferior.
A la derecha, una señal de Carpetania en un punto clave de la ruta cerca de Braojos, en el que se separan las versiones Norte y Sur de La Horizontal.

FOTOS: DIONI SERRANO

del Portachuelo para descender con unas impresionantes vistas del Alto Valle del Lozoya y el macizo de Peñalara hasta Lozoya.

Horizontal Norte

El puerto de Somosierra es el kilómetro cero de esta ruta que ha de llevarnos por la mitad oriental de la Horizontal. Para más señas, nos situamos en la ermita de la Soledad donde se ha instalado la señal vertical de Carpetania SN57 que, entre otras direcciones, indica el Camino Horizontal. La pista está en buenas condiciones, y esto, unido a que la subida es muy tendida, hará que lleguemos rápidamente al lugar que tenemos que abandonar La Horizontal, pasada Peña Quemada. El punto exacto está señalizado con la señal SN54. Nos espera un largo y empinado descenso, pero antes to-

mémonos unos minutos para disfrutar de las vastas vistas del Valle del Lozoya.

Perdemos altura rápidamente por medio de un denso pinar dejando a un lado y a otro varias incorporaciones. Disfrutemos de la bajada pero atentos al cuentakilómetros, porque poco antes de que se cumplan cinco kilómetros de descenso tenemos que ir pendientes para no dejar atrás la señal SN53 (este tramo coincide con La Horizontal Sur), porque aquí tendremos que salir de esta pista e incorporamos al Camino de Arcones, hacia Braojos / La Serna. Braojos es un precioso pueblo con una bonita iglesia que es considerada la catedral de la Sierra Norte.

Siguiendo las indicaciones de la SN154 tomamos la Vereda del Lomo para ir hacia La Acebeda y Robregordo. Tras salir de Braojos, tomamos la pista que asciende hasta la loma de la

Embalse de Pinilla y casas de Lozoya vistos desde la subida al encuentro de La Horizontal. Al fondo, semi-ocultos por las nubes, los Altos del Hontanar.

Porrilla, para luego descender hasta La Acebeda por un tramo en el que habrá que tirar de frenos a fondo. En La Acebeda seguimos las indicaciones de la señal SN72 hacia Robregordo que nos conduce a una antigua carretera que atraviesa un hermoso robledal y que termina en Robregordo. Allí hemos de incorporamos a la antigua N-I, abandonándola para pasar por debajo de la autovía y continuar paralelos a ella brevemente. Tras rebasar una cancela encontraremos la señal SN39. La cosa está clara: hay que seguir la indicación de Dehesa Bonita / Somosierra. Tras un brevísimo ascenso, nos adentramos en la dehesa de Somosierra, un tupido bosque de robles y abedules donde también tienen cabida cerezos, acebos y alisos. La variedad de árboles hace que el otoño aquí sea una explosión de co-

lores. Al salir de la dehesa, cruzamos la N-1 para coger un camino tras la depuradora que nos deja en el centro de Somosierra.

Horizontal integral

La integral es la suma de las versiones norte y sur, restando el descenso por el camino de Braojos. Completarla en una sola jornada es una empresa deportiva de alto nivel. Los aficionados menos «jabatos» agradecerán hacerla en dos tiradas. Si se decide comenzar en Lozoya, lo suyo es dormir en Somosierra o Robregordo. En ambas localidades hay alojamientos. Es casi mejor hacerlo en Robregordo porque el regreso hasta Lozoya es largo y con varias cuestas en las que incluso habrá que echar pie a tierra.

Si, por el contrario, comenzamos en Somosierra, lo ideal es llegar a Lozoya, población que tiene varios alojamientos y un buen puñado de restaurantes donde saciar el hambre.

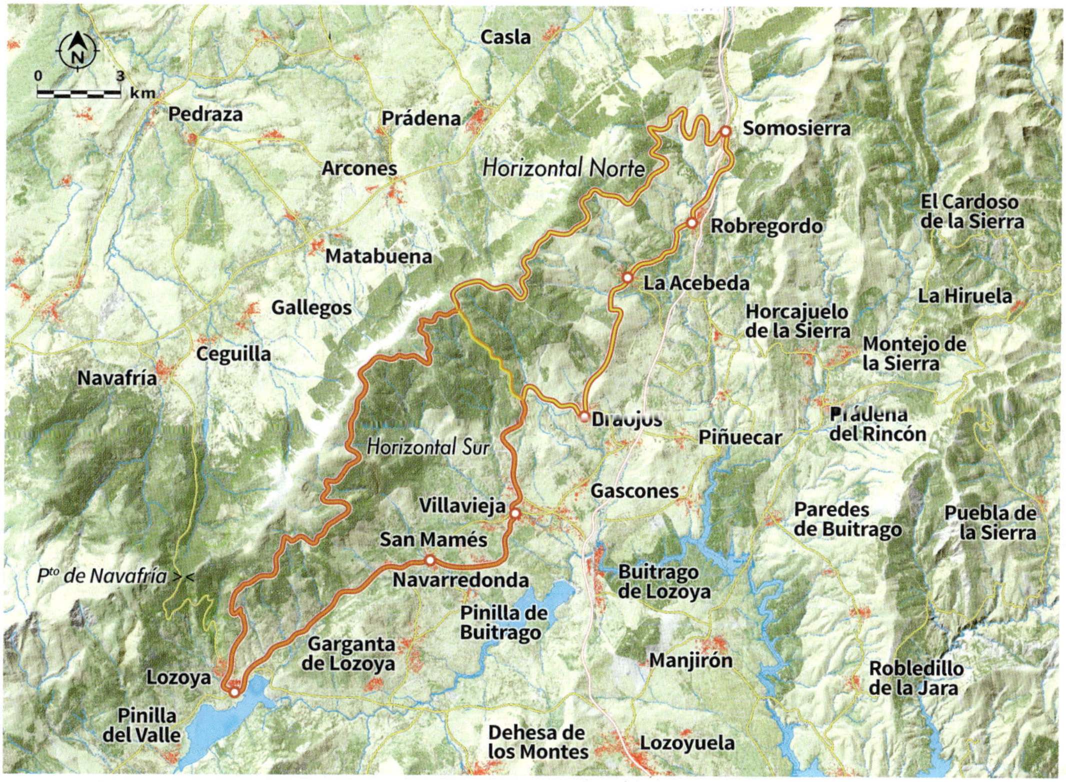

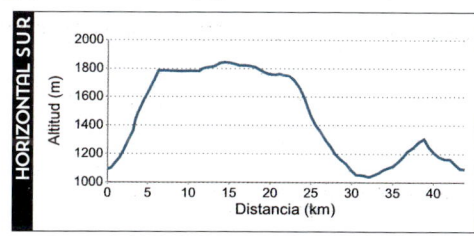

COMIENZO: pueblo de Lozoya (1116 m)
ALTURA MÁXIMA: 1850 m.
TIPO: circular.
LONGITUD: 53,61 km.
DESNIVEL: +1110 m.
CARTOGRAFÍA: hojas 484-1 y 2, 458-3 y 4 IGN 1:25 000.
TRACK: https://desni.in/horizontalsur

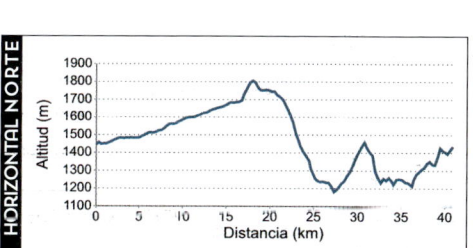

COMIENZO: pueblo de Somosierra (1440 m).
ALTURA MÁXIMA: 1807 m.
TIPO: circular.
LONGITUD: 47,25 km.
DESNIVEL: +1051 m.
CARTOGRAFÍA: hojas 458-2, 3 y 4 IGN 1:25 000.
TRACK: https://desni.in/horizontalnorte

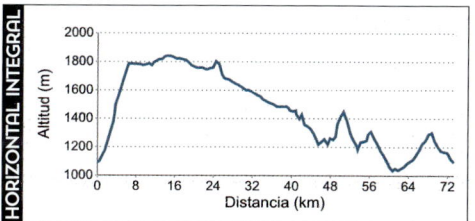

COMIENZO: pueblos de Lozoya o Somosierra.
ALTURA MÁXIMA: 1850 m.
TIPO: circular.
LONGITUD: 90,30 km.
DESNIVEL: +1767 m.
CARTOGRAFÍA: las mismas hojas que para los recorridos sur y norte.
TRACK: https://desni.in/horizontalintegral

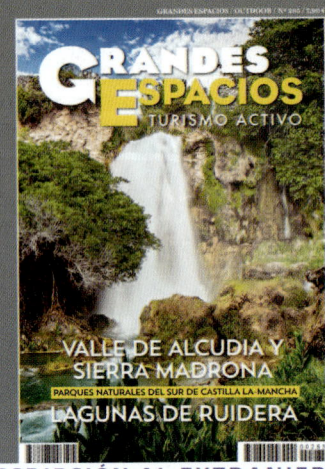